JOSH DOUGLAS

Scolastici Affari

Come il contante dinamizza il sistema scolastico

Sommario

Introduzione 5
    Studi ad alta quota 11
    Preparazioni molto salutari 16
    La scuola del denaro 22
1 26
    Sulla disuguaglianza degli stabilimenti 26
    Risultati molto eterogenei 29
    capo di lavoro 33
    Le migliori scuole hanno i migliori insegnanti? 36
    Si progredisce di più in una buona scuola? 40
    Peso del genitore 46
2 52
    La legge di ferro dell'indirizzo 52
    Le buone scuole rendono i quartieri costosi 61
    Ghetti in Francia? 65
    La mappa e il territorio 72
    Verso un'abolizione della mappa scolastica? 83
3 92
    Supporto scolastico stampelle 92
    "Un bambino in difficoltà è un bambino ignorante... i suoi punti di forza" 96
    Coaching, servizio di fascia alta 101
    Il ruolo delle agevolazioni fiscali 104
    Law and Sciences Po giocano a nascondino con il settore privato 108
    Internet: aiutare o imbrogliare? 112
4 119

La scoperta del mondo 119
Siamo gli stupidi 123
Corsi e soggiorni linguistici in abbondanza 130
Scuole globalizzate ed Erasmus in soccorso 135
La grande (e costosa) partenza 139
Un'esperienza proficua 143

5 148
Dopo il diploma di maturità, TSF (tutto tranne l'università)!
.... 148
Quali studenti per quali scuole? 150
Senso di ingiustizia 157
Il crollo dell'attrattiva dell'università 161
Il "nonostante noi": studenti per difetto e falsi studenti 171
I ♥ Università di Versailles-Saint-Quentin-en-Yvelines 177

6 184
Il grande balzo in avanti delle scuole paritarie 184
Dall'asilo 186
La domanda crea offerta 194
Scuole professionali 199
Da dove proviene il denaro? 205
Marchio 212

7 218
Il mercato globale della conoscenza 218
La prima globalizzazione 220
Istruzione, industria globale 225
Zone franche educative 231
L'Asia conquista l'Asia 236

8 241

Aumento delle tasse universitarie *241*
Care business school *246*
La corsa alle stelle *253*
Studi redditizi *259*
E gli studenti stranieri? *269*
Professionisti? *273*
9 .... *279*
Come finanziare i suoi studi? *279*
L'aumento dei prezzi continuerà *280*
Come pagare ? *283*
Prendere in prestito, ma poi? *287*
45% studenti impiegati *291*
Arricchisci il tuo CV *293*
Conclusione *298*
scuola ombra *301*
Come ci siamo arrivati? *303*
Fatalita? *305*

La scoperta del mondo 119
Siamo gli stupidi 123
Corsi e soggiorni linguistici in abbondanza 130
Scuole globalizzate ed Erasmus in soccorso 135
La grande (e costosa) partenza 139
Un'esperienza proficua 143

5 148
Dopo il diploma di maturità, TSF (tutto tranne l'università)! 148
Quali studenti per quali scuole? 150
Senso di ingiustizia 157
Il crollo dell'attrattiva dell'università 161
Il "nonostante noi": studenti per difetto e falsi studenti 171
I ♥ Università di Versailles-Saint-Quentin-en-Yvelines 177

6 184
Il grande balzo in avanti delle scuole paritarie 184
Dall'asilo 186
La domanda crea offerta 194
Scuole professionali 199
Da dove proviene il denaro? 205
Marchio 212

7 218
Il mercato globale della conoscenza 218
La prima globalizzazione 220
Istruzione, industria globale 225
Zone franche educative 231
L'Asia conquista l'Asia 236

8 241

Aumento delle tasse universitarie *241*
Care business school *246*
La corsa alle stelle *253*
Studi redditizi *259*
E gli studenti stranieri? *269*
Professionisti? *273*
9 .... *279*
Come finanziare i suoi studi? *279*
L'aumento dei prezzi continuerà *280*
Come pagare ? *283*
Prendere in prestito, ma poi? *287*
45% studenti impiegati *291*
Arricchisci il tuo CV *293*
Conclusione *298*
scuola ombra *301*
Come ci siamo arrivati? *303*
Fatalita? *305*

introduzione

T out è iniziato quando Gaby mi ha chiesto: "E dentale in Spagna, cosa ne pensi? »

Era un colloquio di orientamento. Dopo il diploma di maturità, i miei studenti dell'ultimo anno ES (economico e sociale) vanno più spesso a Sciences Po o alla preparazione commerciale quando sono bravi, a giurisprudenza o economia quando sono meno bravi. Si considerano dirigenti, giornalisti, avvocati o imprenditori. Dentisti? Mai.

Gaby ha in programma di sostenere gli esami di ammissione alle business school che reclutano subito dopo il diploma di maturità. È uno studente abbastanza mediocre. Conosce più centravanti del Real Madrid che premi Nobel per l'economia, ma è un uomo alto, energico, dai capelli scuri, sorridente, disinvolto nel parlare e con i numeri. Sembra capace di leggere un bilancio o di negoziare passo dopo passo per aggiudicarsi un contratto commerciale. La sua scelta è quindi credibile. Andiamo in giro per le scuole che potrebbe provare visto il suo livello e come si prepara alle gare.

L'intervista sta volgendo al termine, ed è qui che si lancia: "Allora, dentista, cosa ne pensi? Immagino di sembrare un po' perplesso.

— Dentale? Vuoi essere un dentista?

— Non ci ho proprio pensato. Ma potrebbe essere buono.

Lui stesso sembra piuttosto dubbioso. Riprendo il filo di quello che so.

— Normalmente, devi superare un bac S e superare il concorso alla fine del PACES, il primo anno comune agli studi sulla salute. Mi sembra un po' fuori dal tuo viaggio finora...

Annuisce.

— Esattamente. Andare in Spagna ti permette di diventare un dentista senza dover superare l'intera selezione. Me ne ha parlato un amico di mio padre. È un dentista e dice che la formazione in Spagna è corretta.

E tu parli spagnolo? Mi sembrava che stessi facendo il tedesco?

Quindi mi spiega lo schema. Poiché i diplomi sono riconosciuti in tutta l'Unione europea e la selezione è drastica in Francia, i piccoli intelligenti aggirano l'ostacolo partendo per formarsi altrove in Europa. Questo riguarda gli studi di medicina, dentista, fisioterapista, veterinario. Nel mio liceo prediletto, dove un terzo degli studenti delle classi di scienze opta per medicina, lo stratagemma si è fatto conoscere ben presto tra gli studenti medi, incerti di poter affrontare la terribile selezione del primo anno nelle facoltà parigine. Gaby non è sicura che le lezioni siano in francese, ma un amico di suo padre le ha spiegato che era una vera opportunità. Quindi ha pensato che forse...

Col senno di poi, sembra ovvio. In qualità di insegnante di economia, non mi sorprende il fatto che l'Europa faccia esplodere gli standard nazionali. In medicina, il numerus clausus, la cui logica deriva meno da una programmazione accademica che da un desiderio di salvaguardare le pensioni riducendo al contempo la spesa sanitaria, crea veri e propri deserti medici in alcune regioni e carenze in alcune specialità come l'oftalmologia; c'è molto spazio nel mercato per laureati formati a livello internazionale. Se le comunità dei comuni della Drôme o delle Cévennes si organizzano per portare un medico rumeno, perché non dovrebbero rivolgersi a un medico francese formatosi in Romania? Non ci sono prove che la formazione all'estero sia peggiore. Certo, gli studenti formati in Francia padroneggiano il calcolo differenziale, sesamo per passare al secondo anno. Ma questo non li rende medici migliori.

Dopo pochi clic sul Web, le cose diventano più chiare.

La Romania offre di ospitare studenti per circa 5.000 euro l'anno, ai quali vanno aggiunti un minimo di 5.000 euro per vitto e alloggio. Le lezioni sono impartite in francese per i primi tre anni. "È poi necessario parlare rumeno, in particolare per comunicare con i pazienti", precisa medecineroumanie.org.

Più costoso: uno studente che sta per formarsi lì in odontoiatria mi dice che la Spagna ha il punteggio migliore. Le università private, che offrono corsi di francese, formano medici, dentisti o veterinari. Lei ei suoi genitori prevedono un budget di 30.000 euro all'anno: 16.000 euro per le tasse scolastiche e 14.000 euro per l'amministrazione. Più di cinque anni, si tratta quindi di un piano di spesa di 150.000 euro, una cifra che fa stordire. "Tuttavia, ne vale la pena", dice autenticamente. Il costo degli inserti non scenderà.

Cinque o dieci anni prima, gli esiliati erano sostituti che avevano bocciato il test due volte, ma che erano pronti a diventare professionisti con successo. Attualmente, i possessori di diploma di maturità lasciano senza prendere una pugnalata in Francia, dal momento che è meno angosciante.

Chiaramente, questa selvaggia evasione della determinazione coordinata dai collegi incita alle risposte. In linea di principio, dopo aver avanzato le proprie indagini all'estero, è possibile terminare le valutazioni di ordinamento pubblico in Francia, valutazione che ha soppiantato il concorso di convivenza. Tuttavia, sotto la tensione del Consiglio di appello e degli specialisti presenti nel mondo del lavoro, l'autorità pubblica deve impedire agli studenti che hanno fallito due volte in Francia di procedere con la loro preparazione lì dopo essere andati all'estero.1.

Dato che non è difficile andare in esilio per cinque o otto anni, si sta concretizzando una proposta più modesta. Il Free Place for Worldwide Advanced Education (CLESI) offre agli studenti (da 6.500 a 9.500 euro all'anno, nessun diverso in entrambi i casi), in tutti i punti di forza clinici e paramedici, due anni di preparazione in Francia, quindi, a quel punto, li invia in Portogallo per completare il corso e ottenere un riconoscimento. "Il CLESI non rilascia alcun certificato in Francia. Prepara gli studenti ad ottenere un riconoscimento europeo e precisamente presso il Collegio Fernando Pessoa di Porto con il quale il CLESI ha acconsentito ad un accordo di collegamento accademico", precisa il suo sito. Un dettaglio importante: non rilasciando un diploma, il Centro non necessita di accreditamento. Un emendamento tardivo alla legge dell'agosto 2013 mira a prevenire questa elusione obbligando questi centri a stipulare un accordo con un'università francese; a marzo 2015 si era ancora in attesa del decreto attuativo.

L'esplosione del numerus clausus sembra quindi essere sulla buona strada.

Studi ad alta quota

Informato da questo episodio, mi mostro più attento alle informazioni che emanano dai miei studenti e scopro che il settore medico non è l'unico interessato da queste strategie di elusione. Un secondo studente piuttosto mediocre mi ha spiegato un giorno che dopo una serie ES sarebbe diventato un pilota di linea. Sta già prendendo lezioni di volo. Mentre gli faccio notare che si tratta di studi difficili, riservati agli scienziati, mi risponde sicuro che andrà in una scuola privata. Così imparo un po' di più su questo mestiere che fa sognare tanti adolescenti. In Francia, la formazione dei piloti è fornita da una scuola pubblica di alto livello, l'ENAC (Scuola Nazionale dell'Aviazione Civile). Selezionati dopo un sup di matematica – classe preparatoria per le Grandes Ecoles specializzate in scienze, reclutando laureati in scienze ad alto livello –, meno del 2% dei candidati viene selezionato per un corso di formazione di diciotto mesi. Le tasse universitarie ammontano a 610 euro all'anno. Capisco che il mio studente, il cui livello non gli permette nemmeno di andare alla prima scienza, ce l'ha cercato un'alternativa.

Esiste in Canada o in Belgio. Uno scapolo con un livello corretto in matematica e fisica senza essere necessariamente uno scienziato può iscriversi a una scuola privata come la Belgian Flight School e ottenere la sua certificazione. La parte più difficile è pagare le quote di iscrizione. "Volare è costoso", dice il sito web della scuola. È vero che le scuole odontoiatriche spagnole se la passano male in confronto: il programma di ventuno mesi, seguito in Belgio e in Florida, costa all'apprendista pilota (e soprattutto alla sua famiglia) la modica cifra di... 82.900 euro. Aggiungi alcuni costi vari, tra cui un badge di accesso all'aeroporto addebitato a 65 euro (!) e il costo totale della formazione raggiunge quasi 90.000 euro. Il diploma è riconosciuto in tutta Europa, ma l'occupazione al termine della formazione non è garantita;

Riassumiamo. Remunerative e che godono di un'immagine molto positiva tra i giovani, alcune professioni sono prese d'assalto. Veterinario, medico, pilota sono tutti sogni d'infanzia che sono diventati vocazioni. Per evitare, ad esempio, che i veterinari abbiano per soli pazienti due barboncini e un canarino al giorno, l'accesso a queste professioni è bloccato da concorsi sempre più difficili. Possiamo contestare i metodi di selezione, che sono necessariamente arbitrari. La Germania, un tempo, reclutava persino gli studenti di medicina per sorteggio, il che aveva il merito di mettere tutti sullo stesso piano.

Tranne che l'accesso a queste professioni ora può essere acquistato; costoso e di nascosto.

Da un punto di vista morale pubblico, questo è imbarazzante. Per un sistema basato sulla meritocrazia, questo diversivo è un disastro. Ma, finché il numero di persone e professioni interessate rimane limitato, finché non è ampiamente conosciuto, il sistema può sopravvivere lì e continuare come prima, migliaia di studenti che giocano al gioco della selezione.

Per mettere alla prova questo pensiero, mi sono dato il benvenuto a Muriel, la cui bambina Chloé è nel suo anno più memorabile di medicina al Paris-V-Descartes. La ricca famiglia vive in una zona borghese della capitale. Ricordo che al di sotto della media al liceo riservato Santo Jean de Passy, Chloé ritrasse come "caillera de Janson" le studentesse del rinomato liceo attiguo Janson de Sailly. Tuttavia, è cresciuta. Ha la testa sulle spalle ei suoi genitori non le permetterebbero di non ricordare il valore dei soldi. Si intromette nella sua diligente serata per prendere il tè con noi. Le chiedo se è a conoscenza della possibilità di concentrarsi in Romania o in Spagna.

— Certo. Complessivamente ci rendiamo conto che le persone sono incuriosite da questo. In ogni caso, ciao, cosa fanno subito? Potrebbero in qualsiasi momento diventare sostituti, capi di strutture? Potrebbero in qualsiasi momento essere riconosciuti come specialisti? Ad ogni modo, a Descartes, tutti si rendono conto che l'opposizione è più fastidiosa che altrove. Nel caso in cui le persone decidano di venire lì, è per avere un livello decente e avere la possibilità di scegliere la loro specialità verso la fine del quinto anno. In caso contrario, dovresti andare ad Amiens e raddoppiare le probabilità di vincere.

Ma non ti stupisce, che possiamo aggirare la selezione se abbiamo genitori che possono sborsare 10.000 euro all'anno per la Romania o anche di più per la Spagna?

È un po' un peccato. Ma non è che in Francia fosse gratis, risponde botta e risposta.

Che cosa ? Gli studi di medicina non sono più gratuiti?

No, non lo sono più .

Preparazioni molto salutari

Con calma, metodicamente, Chloe mi parla dei soldi. E scopro che si è creato con discrezione un nuovo mercato. In teoria è del tutto possibile seguire corsi universitari, ripassare, superare i concorsi, avere successo senza spendere nulla. Ma, in media, solo il 10% degli studenti trascorre il secondo anno a Parigi, Marsiglia o Montpellier. Le possibilità di coloro che acquistano corsi aggiuntivi da organizzazioni private come Médisup, Supsanté o Excosup aumentano notevolmente. Médisup ha così un tasso di successo di quasi il 50% nelle varie università.

Queste preparazioni sono vendute in kit: puoi seguire o meno un corso pre-ingresso, scegliere le materie in cui ritieni di aver bisogno di aiuto, partecipare a concorsi simulati, optare per corsi di revisione, ecc. In totale, una preparazione relativamente completa costa circa 5.000 euro, lo stesso prezzo della formazione in Romania. Questa spesa però copre solo il primo anno... che di solito dura due anni, visto che i due terzi degli scontrini sono ripetuti in molti collegi. Tanto vale contare 10.000 euro.

Di recente si è aperta una nuova nicchia. Alcune preparazioni private offrono un "anno zero" tra il diploma di maturità e il primo anno di medicina, per una cifra di circa 8.000 euro. Questo è di particolare interesse per gli studenti che non hanno superato un diploma di maturità scientifica e sperano di recuperare il ritardo nelle scienze in questo modo. Offrono anche corsi e stage nella classe dell'ultimo anno. Nulla è pianificato in pochi secondi per i futuri medici, ma è solo questione di tempo.

Tre studenti su quattro ora seguono un corso di preparazione, uno "scuderia" come si dice a Marsiglia, oltre ai corsi universitari. Fanno eccezione i soggetti brillanti che tracciano la loro rotta senza ricorrere al privato. Essendo la logica della competizione quella di ottenere risultati migliori degli altri, tutti temono di essere meno preparati se fanno a meno della preparazione. Un pre-entry course, ad esempio, individua le principali materie che verranno trattate nel primo semestre e sta già iniziando a prepararsi al concorso. Pertanto, la materia più discriminante, la fisica, presuppone la padronanza del calcolo differenziale. Tuttavia, questa tecnica matematica non compare più nel curriculum delle scuole superiori. Coloro che vengono introdotti durante il corso di pre-ingresso sono ovviamente avvantaggiati. Arrivano più fiduciosi, più preparati, meno sopraffatti dal ritmo delle prime settimane. Inoltre, mi spiega Chloé, durante lo stage si sono fatte amicizie, si sono formati gruppi di lavoro. Chi non ne ha seguito uno ha la sensazione di essere fuori dai giochi.

In Descartes, Chloé incontra la figlia di un tassista che frequenta la scuola preparatoria per realizzare il sogno del padre di avere una figlia medico. Ha notato che suo padre sarebbe tornato a casa più tardi dal lavoro da quando era al college. Quindi, quando i due studenti si stancano di recitare le loro lezioni di anatomia e iniziano a confondere la faccetta del perone e l' incisura della tibia del perone, è lei che insiste per lavorare ancora un po'.

— È assurdo scegliere tra concetti che gli studenti scoprono a malapena, sottolineo. Se ho capito bene, il sistema preparatorio vive delle debolezze dell'università.

— Non sai quanto hai ragione. Il college è una sciocchezza. Gli anfiteatri sono così pieni che ne stanno allestendo un secondo, con proiezione video del percorso. A Bichat ce ne sono addirittura tre. All'improvviso c'è rumore, gente che ride, ripetitori che interrompono di proposito la lezione che hanno già preso appunti. Sei sciocato? Ma c'è di peggio: ripetitori che ti danno informazioni false all'inizio dell'anno, per esempio. Ad ogni modo, le lezioni sono incomprensibili se non ci hai lavorato prima.

— Ma puoi fare domande nei tutorial, se non hai capito. No ?

Lei alza le spalle. Ci sono solo sei ore di tutorial a settimana nel primo semestre e un'ora e mezza di tutorial ogni due settimane nel secondo semestre. Inoltre, le lezioni universitarie cessano un mese prima della competizione. Vorremmo aprire uno spazio privato che altrimenti non faremmo. Il settore privato vive delle carenze dell'istruzione pubblica e non esita a farle conoscere.

Non senza sadismo, Excosup specifica nella home page del suo sito:

In Facoltà le lezioni in PACES sono organizzate sotto forma di lezioni che si svolgono in anfiteatri, a volte affollati e spesso trasmessi in videoconferenza. Ciò contrasta nettamente con le classi piccole nelle scuole superiori pubbliche e private. Lo studente è così l'unico responsabile degli appunti del corso, della loro trascrizione e della loro assimilazione a tempo di record in condizioni diverse da quelle di una classe di scuola superiore.

riprendo:

— I preparativi sono davvero meglio organizzati?

— Chiaramente, risponde Chloe. Si trovano proprio accanto alle università, per non perdere tempo. I loro orari sono adattati a quelli dell'università. Ci vengono date schede di corso molto chiare e i referenti vengono continuamente a trovarci per chiederci se abbiamo capito.

— Mi spiegate cosa sono i riferimenti? Si concede un sorriso.

— Sono studenti del secondo anno pagati da Médisup e che ci aiutano. Sono presenti prima e dopo le lezioni, rispondono alle domande. Non so come li selezionino, ma sono tutti ben vestiti, abiti firmati, bella presentazione... Forse i soldi che guadagnano facendo i referrer.

— Paga ? Lei annuisce.

— Sembra che la cosa migliore siano le registrazioni di luglio. Sono pagati per pubblicizzare la preparazione e reclutare studenti. Possono guadagnare 2.000 euro al mese. Dopo, è più simile a 400 euro al mese. In ogni caso, tutti fanno domanda non appena i risultati del primo anno sono noti e gli studenti preparatori devono solo fare la loro scelta.

Apprendo anche che gli insegnanti preparatori possono essere insegnanti del CPGE (classe preparatoria per le Grandes Ecoles), ma anche insegnanti della facoltà di medicina. Chloé non sembra vedere il problema etico posto da una situazione del genere, il professore potrebbe avere informazioni non pubbliche sui corsi o sulle materie. Il sito Médisup non potrebbe essere più chiaro: i docenti "conoscono le esigenze di ogni professore della facoltà". "Médisup Sciences sa come supportare e spesso anche anticipare i cambiamenti di programma. Preferisco non soffermarmi su di esso.

Un'altra attività redditizia riguarda gli esami. Come

conseguenza della centralizzazione alla francese, la parità di trattamento dei candidati implica esami identici sostenuti da tutti i candidati nello stesso luogo. Le competizioni rappresentano quindi un vero grattacapo logistico. Spesso si svolgono in sale vaste e appartate, il cui esempio più riuscito è il centro espositivo Villepinte, a nord di Parigi, che a volte ospita più di cinquemila candidati. Destinato alle fiere, è un enorme hangar, in cui gli studenti vengono a conoscenza del numero di coloro che vogliono superare il loro stesso concorso.

Villepinte è raggiungibile con la RER B, nota per la sua inaffidabilità. Tremando, Chloe mi racconta l'orribile storia di uno studente affannato che arriva di corsa, con la valigia in mano, e urta contro un inflessibile assistente che le proibisce di comporre. Per due minuti di ritardo, dovrà tornare tra un anno. In effetti, i candidati stressati generalmente preferiscono rimanere sul posto. Non appena vengono annunciate le date del concorso, gli hotel vengono presi d'assalto. I posti migliori a volte vengono riempiti in un giorno.

Durante gli esami come durante le fiere, i prezzi raddoppiano, triplicano o addirittura decuplicano, secondo l'Associazione degli studenti di medicina, che ha organizzato un test per telefono. Le stanze poi costano circa 400 euro per tre notti, cioè un budget di circa 1.000 euro per le due sessioni d'esame di dicembre e maggio.

La scuola del denaro

Tra medicina e piloti di linea, sono combattuto. Gli studi di medicina sono lunghi e difficili e la medicina è in gran parte un servizio pubblico. Come possiamo accettare la discriminazione per denaro? Non c'è bisogno di essere un ussaro nero della Repubblica per indignarsi di fronte a questa grave alterazione del nostro sistema educativo. Resta da capire se si tratti di una situazione eccezionale, legata alla popolarità di alcune professioni, o del segnale di uno sviluppo più generale. Volevo condurre le indagini e mi sembrava di non essere nella posizione peggiore per farlo.

Nel 2012 un collega e amico mi disse che avrebbe lasciato il suo posto in un ottimo liceo, situato in uno dei quartieri più chic di Parigi. Volendo cambiare, ho accettato il suo lavoro (le cose ovviamente non sono così semplici, ma potresti non volerlo sapere). Quindi eccomi qui al liceo François Quesnay [2], in un edificio storico, che sembra un castello. Una scala a chiocciola, ricoperta da uno spesso tappeto, conduce all'ufficio del preside con doppie porte imbottite degne di un ministero. I membri del governo non hanno esitato a intervenire per far ammettere un protetto all'istituto. Per un divertente mimetismo sociale, molti insegnanti indossano giacca e cravatta. Per la prima volta nella mia carriera, alcuni colleghi mi usano come te. Tuttavia, gli insegnanti delle classi preparatorie a volte si mescolano con i "soldati di fanteria" del liceo e del collegio, in un ecumenismo democratico che non è proprio di tutti i grandi licei.

A prima vista, gli studenti sono lì come altrove, solo che dicono tutti

" ciao " e "arrivederci" e guarda direttamente da un Apple Store. Alcuni hanno un indirizzo e-mail che termina con monnomdefamille.fr. Un collega mi informa cortesemente che il padre di tal dei tali lavora nel gabinetto di un ministro e che tale altro dirige un canale televisivo. Con il passare dei mesi scopro studenti che prendono lezioni private alla prima brutta media, hanno allenatori, si preparano a Scienze Po il sabato nelle scuole private o seguono corsi di matematica durante brevi vacanze. Dopo il baccalaureato, continuano con una scuola di economia o ingegneria, in preparazione, ma anche in università canadesi o inglesi. Tutto questo ha un costo.

Questo liceo è quindi il luogo ideale per osservare i mille modi in cui il denaro può dare energia o raddrizzare una carriera scolastica. Discutere con i miei studenti e i loro genitori mi apre molte strade. Il denaro è quasi ovunque. Ogni volta che ne parlo intorno a me, la famiglia, gli amici, i colleghi hanno storie da raccontare, cose da aggiungere. Ma queste violazioni dell'eguaglianza repubblicana rimangono attribuite al tropismo di questa o quella zona, il principio generale rimanendo libero. In realtà, una volta completata la tavola, ad emergere è l'immagine di un sistema profondamente corrotto, in cui il denaro fa la differenza. La crisi finanziaria del 2008 ha rivelato l'evoluzione del rapporto con il denaro nel nostro grande pubblico e ha dato energia alla "battaglia per i posti3". Sarebbe stato sorprendente supporre che la scuola fosse stata salvata. È sbalorditivo il modo in cui è cambiata. Allo stesso modo in cui la finanza ombra, utilizzata da individui benestanti, lavora inosservata alle organizzazioni amministrative e attualmente gestisce più denaro delle banche convenzionali, un arcipelago di fondazioni private struttura quella che si potrebbe chiamare la "scuola ombra".

Questo libro mostra tutto l'impatto del contante sulla strada lanciata con trappole che porta dal supporto al lavoro. Darà numerosi piani a tutti i tutori di studenti che non hanno idea di come gestire il proprio libretto degli assegni e molte spiegazioni dietro l'ira ad altre persone. Da quello che ho visto intorno a me, sono state concepite domande apparentemente di base: come arriveresti al Lycée Quesnay? Per quale motivo davvero anche i fragili studenti di Quesnay ottengono il diploma di maturità? Per quale motivo i miei sostituti sono bravi nei dialetti? Per quale motivo prevalgono nell'istruzione avanzata, in ogni caso, quando le loro istituzioni sono delicate? Per quale motivo rifiutano tenacemente di andare al college?, e così via. Tali innumerevoli domande a cui cerco di rispondere senza restrizioni, esponendo le complessità di un sistema scolastico degradato

Note introduttive

1. Un primo decreto in tal senso, pubblicato nel 2011, è stato però impugnato dal Consiglio di Stato con decisione del 23 gennaio 2013, a seguito di una denuncia degli studenti di Cluj (Romania).

2. Voler usare un nome fittizio, quello di un grandissimo economista, il cui nome non porta nessun liceo in Francia, mi sembrava appropriato.

3. Michael L.USSAULT, Dalla lotta di classe alla lotta per i posti, Grasset, coll. "Mondi vissuti", Parigi, 2009.

1

Sulla disuguaglianza degli stabilimenti

un bambino CSP+ ha mediamente il doppio di compagni CSP+ nella sua classe rispetto a un bambino che non proviene da genitori CSP+ [1]. »

L ha primo I correlato alla disuguaglianza e alle persone ar sei tu il negativo qualità degli edifici scolastici a cui può accedere un bambino . Non va da sola. Dopo tutto, la Francia è un paese centralizzato. L'autorità dello Stato impone il reclutamento degli insegnanti su scala nazionale, che esiste in pochi paesi. Nazionali sono anche gli orari degli alunni e la distribuzione delle discipline, dalla scuola primaria alla scuola superiore. I programmi sono armonizzati. Visto da lontano (da rue de Grenelle, per esempio), il paesaggio scolastico ricorda un gigantesco esercito, uniforme, che marcia all'unisono. È certamente possibile che alcune scuole siano migliori di altre, per la popolazione che accolgono, ma l'istruzione fornita e le possibilità di successo di un alunno con un certo livello di partenza dovrebbero essere le stesse ovunque.

Non è così. Il divario tra gli stabilimenti si allarga un po' di più ogni giorno. Alla ricerca dei più piccoli contrasti, un numero crescente di custodi di sostituti è molto al corrente di queste distinzioni di qualità. Sono aiutati anche dal posizionamento delle scuole secondarie distribuito ogni anno dal servizio in Primavera, che Le Figaro decifra in modo ragionevole inserendo un articolo: "Dove devi risiedere per prevalere a scuola ?2 ? »

Comunque sia, le cose sono sorprendentemente confuse. Le fondazioni non sono né omogenee né variamente livellate in modo insaziabile, dalla scuola media dei ricchi alla scuola media dei poveri. In questo modo, nel settembre 2013, una delle mie classi ha acquisito un orrendo studente educatore. Per tutto il tempo sugli antidepressivi, compensa la sua assenza di potere con note che sono per quanto alte possano essere incongrue e in realtà non educare. Si può riflettere sul sistema di iscrizione che richiede questo tipo di variazione, eppure è una realtà. La risposta dei sostituti dei guardiani è intrigante. Sono ovviamente scandalizzati dal fatto che i loro figli siano condivisi con mani così prive di talento, ma soprattutto ciò che è concepibile a Quesnay. Alcuni vanno oltre e ritengono che l'impresa fondiaria che hanno fatto affinché i loro figli andassero in questa scuola dovrebbe proteggerli da questo tipo di rischio. Non è il caso. Nel caso in cui la decisione del preside di una scuola secondaria come Quesnay non venga presa in considerazione, gli educatori sono influenzati dalla grande ruota dell'organizzazione per non vedenti. Una scuola secondaria decente non è insensibile agli errori di progettazione.

Inoltre, cos'è una scuola secondaria decente? Il riflesso primario è quello di decidere sui risultati. Con questo metro, la scuola secondaria di Quesnay è fantastica. Nonostante ciò, ecco alcuni commenti negativi raccolti dai forum Internet: "Francamente, un pessimo liceo, da evitare. Estremamente elitario, nessun sostegno studentesco. Se non ami la matematica, vai avanti"; "Nonostante i risultati al diploma di maturità... Un'atmosfera brutta. Un elitarismo frenetico". Quindi cosa dovresti credere?

Risultati molto eterogenei

Il tasso di successo per il brevetto universitario varia dal 36% al 100% a Parigi. A livello nazionale, i primi cinquanta college hanno oltre il 93% di laureati con lode. Al contrario, i cinquanta peggiori, meno del 37%. E non funziona. Gli studi del Ministero della Pubblica Istruzione riportano un aumento dei divari di livello tra gli istituti tra il 1993 e il 2001, poi tra il 2003 e il 2009 [3]. È probabile che la tendenza sia diventata più pronunciata da allora, come mostrato dalle indagini PISA [4] riguardante solo il livello della matematica.

Tutti i paesi hanno college buoni e cattivi. Ma la Francia si distingue per differenze particolarmente elevate. Gli studi europei sul livello di lettura nelle università mostrano che quasi il 60% delle differenze di livello tra gli alunni sono legate alle differenze di livello tra gli istituti in Francia, rispetto al 10-15% nei paesi scandinavi. [5]. In altre parole, l'eterogeneità è molto più forte in Francia. La situazione è più o meno paragonabile in Germania, ma questo paese ha tre tipi di istituti e non un solo college. La stessa osservazione si fa a tutti i livelli del sistema educativo e culmina con le classi preparatorie, incredibilmente concentrate, visto che le scuole superiori del 5° arrondissement di Parigi (2,5 km2) producono più normaliens del resto del Paese! Tra i migliori prépas in Francia – i cui studenti accedono alle migliori scuole – solo il 25% si trova nelle province per i prépas commerciale, 30% scientifico e 45% letterario.

Più difficile è evidenziare le disuguaglianze tra le scuole superiori. Le graduatorie, di cui i media fanno grande uso, stanno dando risultati per il momento non spettacolari, perché meno di una scuola superiore su venticinque ha una percentuale di successo inferiore all'80%. La situazione ovviamente cambierà quando la stampa pubblicherà graduatorie in base alla proporzione di menzioni o all'inserimento in classi propedeutiche, ad esempio... che non tarderanno ad arrivare. Una tale evoluzione rafforzerebbe le critiche dei vincitori, accusati di lanciare a gran voce un messaggio di disuguaglianza ai genitori degli alunni: "Le scuole superiori sono di livello molto variabile. Crea il tuo mercato. Un messaggio che non può che accentuare il consumismo scolastico.

Il problema è che questi risultati misurano le differenze qualitative degli studenti più che delle scuole. Durante il mio primo anno a Quesnay, quando ancora non conoscevo gli studenti, ho presentato al secondo un piccolo testo sul significato sociale del consumo. Un ragazzo è intervenuto e si è lanciato in grandi sviluppi sul pensiero di Jean Baudrillard, che a quanto pare non aveva segreti per lui. Gli ho risposto, ma ho dovuto interrompere rapidamente il nostro scambio, perché il resto della classe era completamente sopraffatto. Non c'è dubbio che questo brillante studente otterrà una menzione "molto buona", o addirittura un premio nel concorso generale. Ma lo deve a Quesnay, al mio insegnamento oa una cultura personale e familiare eccezionale?

Per misurare il rendimento delle scuole superiori, piuttosto che la loro composizione sociale, il ministero calcola un "valore aggiunto" di ogni istituto, confrontando i suoi risultati con i risultati medi corrispondenti alla composizione sociale della sua popolazione. Questo indicatore mostra che alcune scuole superiori stanno andando molto meglio di quanto suggerirebbero la loro posizione o popolazione. Così, l'85% degli studenti del liceo Montesquieu di Bordeaux supera il diploma di maturità, mentre sarebbero il 93% se il tasso di successo dell'istituto corrispondesse a quello che dà in media la sua composizione socio-professionale. Al contrario, il 96% dei candidati del liceo Anatole de Monzie, a Bazas, viene accolto, otto punti in più del previsto per questo istituto.

Se i genitori degli studenti si impadronissero di queste informazioni, potrebbero dare una possibilità alle scuole superiori ad alto rendimento in relazione alla popolazione che accolgono. Ma fanno molto poco. La maggior parte dei genitori non fa domande, gli altri si affidano soprattutto ai contatti personali e alla reputazione, non sempre legati ai risultati. Questi effetti di reputazione funzionano in entrambi i modi. Così gli studenti universitari provenienti da contesti svantaggiati a Montfermeil, a Seine-Saint-Denis, hanno molta paura di andare al Lycée du Raincy, reputato esigente, e cercano di evitarlo.

Le università hanno anche pubblici e livelli diversi a seconda di dove si trovano. Ma questo contrasto è evidente solo nelle città molto grandi, che hanno diverse università e danno priorità all'allievo dell'accademia in cui è iscritto all'ultimo anno. Tra i nuovi titolari di diploma di maturità che arrivano a Paris-II-Panthéon-Assas (accademia di Parigi), il 5% ha un diploma di maturità tecnologica e l'1% un diploma di maturità professionale; Il 24% ha un ritardo scolastico. A Parigi-XIII-Villetaneuse (accademia di Créteil), il 42% ha un diploma di maturità tecnologica, il 18% un diploma di maturità professionale e il 54% è in ritardo. Solo un quarto degli studenti va al secondo anno dopo il primo anno di licenza, in questa università situata nella parte più svantaggiata dell'Île-de-France. Questi risultati molto scarsi (la media nazionale è del 43%) si spiegano unicamente con l'origine socio-professionale degli studenti.

Un buon istituto sarebbe quindi prima di tutto quello che ha buoni studenti, anche uno che ha una buona reputazione. Dopo aver trascorso otto anni al liceo

" difficile ", classificata in ZEP (zona di priorità educativa), zona sensibile e zona di prevenzione della violenza (la triplice corona!), lavoro oggi nel liceo pubblico più favorito della regione. Cosa differenzia questi due mondi?

capo di lavoro

La buona reputazione di uno stabilimento è spesso legata alla sua anzianità. Tuttavia, i college e le scuole superiori furono inizialmente costruiti nei quartieri borghesi delle città, nei quartieri popolari e nelle aree rurali, fino agli anni '60 difficilmente mandavano bambini in questi istituti. Questi buoni stabilimenti si trovano quindi "naturalmente" in bei quartieri.

Dal mio ingresso nell'Educazione Nazionale, più di trent'anni fa, ho visto molti "nuovi licei", costruiti ai margini dell'area urbanizzata. Si tratta spesso di vecchi stabilimenti tecnici convertiti, che la loro architettura tradisce: in generale, un insieme di cubi dall'apparente scheletro, posti su una superficie di cemento ravvivata da alberi esili. Consapevoli della tristezza dell'edificio e della sua totale mancanza di identità, gli architetti oi gestori a volte lo dipingono con colori sgargianti o intonacano un affresco sulla sua facciata.

Al contrario, il liceo del centro città è spesso costruito in pietra da taglio e mattoni. Le sue alte finestre a traliccio e la maestosità del suo portico gli conferiscono un certo fascino. Si organizza attorno ad un cortile centrale piantumato con castagni o platani. A volte c'è anche un monumento ai morti, testimone delle generazioni passate nei suoi corridoi, o anche una cappella che ricorda un passato glorioso. Anche se questi vecchi stabilimenti lasciano passare correnti d'aria e sono orribilmente rumorosi, non possono che ispirare negli studenti un rispetto che difficilmente vince sulle sgraziate costruzioni degli ultimi decenni.

Ricordiamo l'ovvio: i bravi studenti sono più numerosi in ambienti privilegiati. Naturalmente, gli studenti brillanti provengono da tutti i ceti sociali. Il sociologo Pierre Bourdieu ne è l'esempio migliore. Mentre il suo lavoro mostra che la scuola favorisce i privilegiati, la sua storia personale illustra al contrario la capacità della scuola di distinguere a volte gli alunni dai mezzi modesti. Figlio di contadini del Béarn, è stato un ottimo studente e, come tale, ammesso al liceo di Pau, dove è stagista. Uno dei suoi insegnanti lo incoraggiò a iscriversi all'ipokhâgne di Louis-le-Grand, un prestigioso liceo parigino. Ammesso all'École Normale Supérieure in rue d'Ulm, divenne professore associato di filosofia e concluse la sua carriera come professore al Collège de France, l'Everest della scuola francese.

Ma questo esempio significa solo che le eccezioni confermano la regola, che afferma che la probabilità che un bambino abbia successo a scuola è legata alla sua origine sociale. La tendenza è davvero consolidata. Ad esempio, uno studente i cui genitori sono classificati come dirigenti e professioni intellettuali superiori ha quindici volte più probabilità di frequentare una classe preparatoria per le Grandes Écoles rispetto a un figlio di lavoratori. [6]. Tutti i dati statistici lo confermano.

Tuttavia, non molte indagini si concentrano esplicitamente sull'impatto della retribuzione. Guardando con cautela, ho rintracciato un concentrato dell'INSEE (Fondazione pubblica delle misurazioni e degli esami finanziari) sul ritardo accademico7. Ci informa quindi che il 18% dei giovani è in ritardo a scuola a diciotto anni quando i loro genitori sono raggruppati nel 20% della popolazione con i guadagni più notevoli, sebbene la metà sia tra il 20% con i mezzi di sussistenza minori. paga più minima. A livello istruttivo simile dei tutori, uno stipendio da major league è correlato a migliori possibilità di realizzazione accademica per i giovani.

C'è da aspettarselo. Ad esempio, avere una stanza singola è stato dimostrato essenzialmente per aumentare il rendimento scolastico. Determinazione: il numero di abitanti in una zona benestante ha un livello istruttivo superiore al normale.

Le migliori scuole hanno i migliori insegnanti?

Quando lavoravo in un liceo molto disagiato, mi è capitato più volte che uno studente, generalmente ben intenzionato, mi chiedesse: "Signore, non trova ingiusto che le buone scuole abbiano tutti i migliori insegnanti? Dopo averlo ringraziato per il suo sostegno morale, gli ho spiegato che, contrariamente a quanto si potrebbe supporre, i migliori insegnanti non sono necessariamente negli istituti giusti. Questi sono i più richiesti, perché meglio posizionati e meglio frequentati, quindi i più tranquilli e vicini ai quartieri dove gli insegnanti desiderano vivere. Senza addentrarci nei misteri degli incarichi, la cui complessità è padroneggiata solo da pochi sindacalisti acutissimi [8], le possibilità per un insegnante di essere nominato nell'amichevole liceo del centro città di sua scelta aumentano regolarmente con il suo grado, e quindi con la sua anzianità. I nuovi arrivati al liceo François Quesnay mostrano spesso il sollievo per il naufrago che finalmente è atterrato.

Questo premio di anzianità deriva dal fatto che la valutazione dei docenti rasenta la beffa. Da un lato si effettuano ispezioni di brevissima durata, da cinque a dieci volte in quarant'anni di carriera. In generale, ogni ispezione si traduce in un aumento del rating. Coloro che hanno avuto la possibilità di essere ispezionati spesso sono quindi i più votati. Il dirigente scolastico formula invece un giudizio annuale sulla puntualità, la serietà, l'energia nel lavoro del docente. Questa seconda stima risultante da continue osservazioni potrebbe essere senz'altro più rilevante. Ma le leggi che regolano il funzionamento dell'amministrazione fanno sì che la stragrande maggioranza degli insegnanti, bravi o cattivi, raggiunga i 40/40 dopo venticinque anni di carriera (si noti che ci vuole molto meno tempo in Corsica,

Poiché un insegnante ben valutato è molto spesso un vecchio insegnante, i buoni istituti hanno per lo più insegnanti più anziani. Certamente esperti, tendono ad essere conservatori nelle loro pratiche di insegnamento, quando non mancano dinamismo e investimento. Chi è partito male probabilmente è peggiorato con l'età. In breve, non hanno motivo di essere migliori che in strutture meno eleganti. Al contrario, gli insegnanti innovativi, che lottano per interessare i loro studenti, sono più numerosi negli istituti difficili, perché per loro è una questione di sopravvivenza. Se si accontentano di riprodurre, anno dopo anno, una lezione essenzialmente, la noia degli alunni si trasforma rapidamente in un disturbo incontrollabile. Se sbagliano nell'esercizio per mancanza di preparazione e impiegano cinque minuti per rimettere in carreggiata la lezione, la classe gli sfugge, il rumore aumenta ed è molto difficile riportare la calma. L'unica soluzione per loro sarà partire per una struttura più tranquilla. In definitiva, solo i buoni insegnanti possono resistere in cattive istituzioni.

Ovviamente il paradosso non va spinto troppo

oltre: i bravi studenti motivano anche gli insegnanti a dare il meglio di sé, attraverso la loro curiosità e il loro rigore intellettuale; e la mancanza di esperienza dei principianti è ovviamente un handicap. Ma possiamo tranquillamente concludere che gli insegnanti non sono migliori nelle buone scuole superiori. L'unico vero vantaggio degli istituti rispettabili è che gli insegnanti che vi vengono nominati vengono e che le sostituzioni sono meglio garantite.

L'incontro pre-iscrizione al Lycée Quesnay è una riunione di famiglia. Raccontiamo le nostre vacanze e presentiamo le poche nuove, che sostituiscono quelle che sono andate in pensione. In uno stabilimento privato, è più sportivo. I nuovi, che a volte rappresentano la metà della forza lavoro, non sempre sono presenti. Alcuni lavorano in due istituti e verranno più tardi, altri posticipano il tirocinio o si dimettono, alcuni nomine non sono ancora state fissate. È improbabile che l'obiettivo di avere un insegnante davanti a ogni classe fin dal primo giorno venga raggiunto.

Quest'anno, alla ripresa di gennaio, panico a Quesnay: un insegnante di matematica, responsabile di due classi terminali, è in congedo per malattia da due mesi. Contro ogni previsione, in tal caso, i servizi del rettorato non hanno più soluzioni per il Lycée Quesnay che per un college privato. Tuttavia, la direzione attiva le sue reti e, con l'aiuto dell'attrattiva dell'istituto, la scuola finisce per trovare insegnanti esperti che accettano ciascuno di dare qualche ora, dove un istituto meno valutato rimarrà privato o vedrà l'arrivo di uno studente che non ha mai insegnato.

Si progredisce di più in una buona scuola?

I sociologi dell'educazione hanno provato a rispondere a questa domanda confrontando l'evoluzione del rendimento di alunni con un livello iniziale equivalente, ma che studiano in classi con un livello medio diverso. Sentenza: "Un ragazzo in CE1, con livello iniziale pari a 100, di cui né il padre né la madre provengano da un contesto sociale disagiato, istruito in una delle quindici classi più disagiate, avrà un voto di fine anno in francese di 97,9 contro un punteggio di 101,3 per un alunno comparabile che frequenta una delle quindici classi più avvantaggiate [9]. In altre parole, gli studenti progrediscono un po' più velocemente in una classe buona che in una debole. Ma questo effetto, di entità limitata, non si trova in tutti i sondaggi.

Una famiglia può quindi avere interesse a cercare di inserire un bambino di livello medio in un istituto di buon livello. A condizione che non venga controllato, di solito lì progredirà un po' più velocemente. Un buon istituto permetterà anche a un bravo studente di andare avanti, perché gli insegnanti vanno oltre il programma, quando non iniziano quello dell'anno successivo ad aprile.

Inoltre, le ambizioni degli studenti sono più alte nelle buone scuole. Tutti guardano lassù. Così, una studentessa di origini molto modeste, arrivata al Lycée Quesnay da un college svantaggiato nell'ambito di un progetto limitato a poche persone, si è iscritta a una scuola preparatoria, cosa che probabilmente non avrebbe fatto se fosse andata nel suo quartiere Scuola superiore. Mentre esitava sul suo orientamento, ricordo che i suoi compagni insistevano: "Con il tuo livello, devi andare. Allo stesso modo, le interviste condotte con gli studenti che sono entrati a Sciences Po Paris attraverso il "ZEP [10] » mostrano che il primo interesse di questo percorso parallelo è che ha mostrato loro che questa grande scuola « potrebbe essere per loro ». Università e scuole superiori molto meno selettive rispetto al In passato, la mancanza di ambizione e l'autocensura dei giovani provenienti da contesti svantaggiati spesso spiegano perché ottengono meno buoni risultati negli studi, allo stesso livello di partenza, rispetto agli studenti provenienti da più ambienti benestanti.

In molti istituti disagiati, insegnanti e orientatori esaltano i meriti delle scuole superiori professionali, insistendo sull'invio di studenti di prima media di livello adeguato, sia per evitare che questi istituti vengano percepiti come corsi di retrocessione sia perché temono il fallimento dei loro studenti in generale secondo. I giovani si stanno quindi dirigendo verso la corrente professionale che potrebbe seguire l'istruzione generale e puntare a un diploma superiore. [11]. All'autocensura degli studenti si aggiunge quindi quella dei docenti.

Un altro vantaggio, forse più importante: in un buon istituto, lo status di bravo studente viene vissuto positivamente. Negli istituti meno favoriti, il bravo studente, spesso chiamato "buffone", viene spietatamente braccato. Considerato un traditore per il semplice fatto che sta al gioco, è soprattutto la prova vivente che è possibile avere successo in un collegio debole, cosa che inficia i discorsi di autogiustificazione degli altri studenti, che attribuiscono il loro fallimento a " sistema" e alla sua ingiustizia (che non è falsa), esonerandosi da ogni responsabilità personale (che non è necessariamente giusta).

In generale, gli studenti ottengono risultati migliori in un buon istituto. Ma questa non è probabilmente la ragione più convincente che spinge i genitori a inseguire buone scuole.

Sabato, 14:00 Incontro degli insegnanti al Lycée Henri IV, a Parigi. È caldo. Mentre passo sotto le arcate del chiostro, il sole illumina una stanza aperta che si affaccia sull'esterno. Si sente solo il leggero urto dei pezzi posati con mano sicura sulla loro squadra. Siamo al club di scacchi delle scuole superiori e medie. Nessun adulto supervisiona gli studenti, perfettamente concentrato sulla loro scacchiera; un sogno di gioventù studiosa e serena. Lunedì alle 15 attraverso il cortile del collegio Pompidou, uno dei più disagiati dell'Île-de-France. Gli studenti mi chiamano. All'epoca lavoravo nel vicino liceo e sanno che a volte gioco a basket con gli studenti. Ma, quel giorno, non ho tempo. Suggerisco: "Hai sei anni. Non puoi giocare da solo, tre contro tre? "No", risponde uno di loro. Dopo cinque minuti ci confondiamo. Con loro, signore, non è possibile giocare seriamente. »

Il contrasto è violento tra queste due scene. Gli studenti dei quartieri sensibili trovano più difficile regolare il loro comportamento, le loro relazioni

interpersonali e rimanere concentrati a lungo. Questi quartieri sono spesso tormentati da una certa dose di violenza, dalla quale è difficile proteggere le scuole. Tuttavia, i genitori sono sensibili all'atmosfera degli stabilimenti quanto alle loro prestazioni. Temono il racket, le bande, la violenza, la droga.

Questi timori sono del tutto infondati. Le statistiche pubblicate dal Ministero dell'Istruzione indicano che c'è un po' più di violenza fisica e verbale nei college difficili che in altri, siano essi racket, giochi pericolosi, insulti; sia tra studenti che con adulti. Anche i giovani si sentono un po' meno al sicuro lì. Non confermano quindi l'impressione di due mondi molto distanti. Ci sono al massimo il 5% di stabilimenti ingestibili, sopraffatti da problemi provenienti dall'esterno; stabilimenti in cui a volte entrano armi da fuoco, dove esplodono bombe incendiarie fatte in casa, dove i problemi vengono risolti con la violenza fisica, dove l'assenteismo è molto alto. Al contrario,

A parte questi casi estremi, le condizioni di vita negli stabilimenti sono abbastanza simili, qualunque sia il loro livello. Le famiglie migliori hanno studenti iperattivi e altri che non possono andare a lezione senza prima bere una pinta di vodka o fumare uno spinello ben confezionato. Il racket esiste nei buoni college parigini e certe classi in buoni istituti possono rivelarsi infernali. Ovunque può capitare che alcuni studenti siano perseguitati da altri. Il disturbo può trasformarsi in un rituale attentamente orchestrato. Tuttavia, gli istituti privati hanno alcuni vantaggi: hanno più personale di supervisione, più supervisione degli studenti dopo le lezioni e separano più facilmente gli studenti problematici.

Anche le differenze culturali sono innegabili. Mi è capitato di mostrare agli studenti, in educazione civica, un breve video [12] prodotto dall'associazione Osez le féminisme! Per mostrare quanto sia pesante la pressione dei ragazzi che salutano le ragazze per strada, i ruoli si invertono: fanciulle sfaccendate, sedute sulla terrazza di un caffè, moltiplicano i commenti ribaldi sui ragazzi che passano sul marciapiede e li fischiano. Di solito questo video funziona molto bene: gli alunni discutono, contestano, a volte si interrogano sul proprio comportamento e la comprensione della pressione subita dalle ragazze progredisce. Al Lycée Quesnay il fallimento è totale: gli studenti non reagiscono. Non si sentono preoccupati per pratiche che, di fatto, sono estranee al loro ambiente.

I genitori svolgono un ruolo molto diverso in diversi stabilimenti. A Quesnay, fanno molta pressione sui loro figli affinché lavorino e rispettino le regole della scuola. Partecipano molto alle riunioni, si informano, incontrano gli insegnanti, votano alle elezioni. Una semplice nota ai genitori infilata nel libro della corrispondenza è nella maggior parte dei casi un deterrente.

Per quanto riguarda gli studenti molto bravi, tirano su gli altri. Molti si sentono responsabili, organizzano spontaneamente sessioni di ripasso durante le quali aiutano i compagni, prestano gli appunti presi in classe a chi fa fatica a stare al passo. Spesso hanno interiorizzato l'idea che tutto ciò che rafforza l'istituzione rafforza loro stessi, ma il loro atteggiamento è in gran parte disinteressato. Allo stesso modo i primi tornano molto volentieri a scuola per presentare la loro scuola agli studenti, consigliarli sulla costituzione delle schede o sulla preparazione dei concorsi. Il loro ruolo è essenziale.

Se le differenze tra gli stabilimenti sono innegabili, sono indubbiamente inferiori all'impressione che hanno i genitori. Tuttavia, lo stress familiare li amplifica. Lo stabilimento è assimilato al quartiere in cui si trova, indipendentemente dalla situazione attuale, e gli effetti reputazionali prevalgono sul resto. Il tentativo di porre fine a questa fatalità prendendo di mira istituti che dovrebbero ricevere maggiori risorse si rivela in definitiva controproducente: la qualificazione di un istituto come ZEP [13], ben percepita dagli insegnanti che vi vedono la promessa di mezzi aggiuntivi, agisce come uno stigma e spaventa gli alunni delle classi medie. Gli agenti immobiliari bandiscono dal loro vocabolario il termine ZEP e ho visto intervenire un sindaco nel consiglio di amministrazione, che altrove frequentava poco, per dissuadere gli insegnanti dal richiedere questo status.

Il peso del genitore

Anche la capacità di mobilitazione dei genitori può fare la differenza. Quando un insegnante assente non viene sostituito, una delegazione di genitori al rettorato ottiene risultati migliori di un preside che a volte si riduce ad affiggere un piccolo annuncio al supermercato. Ma i genitori degli studenti non sono affatto gli stessi da un istituto all'altro. Quando lavoravo in una ZEP, la struttura accoglieva circa 550 studenti. Alcuni anni alle elezioni hanno partecipato meno di venti genitori... Una classe su due non aveva delegati dei genitori, per mancanza di volontari. Al contrario, al liceo di Quesnay, i genitori delegati fanno il punto con il dirigente scolastico prima di ogni consiglio di classe, chiedono appuntamenti per discutere l'orientamento, si precipitano alle riunioni in massa.

Non tutti i genitori hanno lo stesso peso. Nonostante la dedizione di alcuni attivisti, la pressione dei genitori sarà quasi nulla in una scuola popolare di quartiere. L'amministrazione può ignorarlo. Quando invece il presidente dell'associazione ex alunni è l'ex sindaco della città e la rubrica delle associazioni di genitori è ben fornita, è più facile farsi ascoltare, come dimostra il racconto che segue.

Un tempo, la serie ES delle scuole superiori, chiamata B fino al 1995, aveva una cattiva reputazione. Non si accordava con la grande divisione tra scienze e lettere, tanto che gli istituti prestigiosi si rifiutavano di creare le classi B. Il potere di questi grandi licei è tale che l'ispettorato generale non poteva costringerli lì. Anche il direttore dei licei, al vertice dell'amministrazione, che aveva riunito i presidi dei licei parigini, esortandoli ad aprire queste sezioni, aveva ottenuto solo modesti successi. Tuttavia, una riforma che ha cambiato il nome da B a ES e migliorato il contenuto e l'immagine della serie, le principali scuole superiori si sono improvvisamente interessate ad essa. A Versailles, il preside del miglior liceo della città ha chiesto l'apertura di una classe ES. Ma, essendo già ampiamente dotate le altre scuole secondarie della città, il rettorato si oppone. Immediatamente è stata lanciata una petizione. Firmato dal vicesindaco della città, diversi parlamentari, imprenditori e altri notabili, ha presto raccolto diverse migliaia di firme. Il rettorato ha ceduto. Il liceo aveva vinto.

Di conseguenza, non sorprende che l'allocazione delle risorse avvantaggi le strutture situate nei quartieri di lusso, nonostante la dichiarata volontà politica di "dare di più a chi ha di meno". Gli insegnanti del college Pierre-Brossolette, a Villeneuve-Saint-Georges, si sono indignati nel marzo 2014:

Nel comune più povero della Val-de-Marne, ecco l'offerta formativa offerta: un'unica scelta di lingua viva (LV) 1 (inglese), una sola di LV2 (spagnolo), e per offrire un'ora di iniziazione dal greco antico in quinta elementare si ruba un'ora di latino alla terza. Ci dicono che è la crisi, che non ci sono più mezzi. Per esibire il contrario, si fa il lavoro di contrastare i nostri mezzi e quelli di un'altra fondazione dell'istituto e della divisione, il Collège du Parc, in Santo Maur. Per centoquaranta studenti in più, ecco la proposta istruttiva: due LV1, quattro LV2, latino e greco antico, un corso di musica con orario adattabile, un corso di danza con orario adattabile, una sezione europea inglese, una sezione europea italiana14.

Infine, si dovrebbe ammettere che i tutori degli studenti hanno in gran parte ragione a cercare di selezionare i loro ragazzi in scuole con ottimi risultati e situate in una regione tranquilla che, ovviamente, si trovano in regioni dove l'alloggio è costoso.

Capitolo 1 Note

1. Sound Thierry LY, Eric M.AURIN e Arnaud R.IEGERT, "Diversità sociale ed educativa nell'Île-de-France: il ruolo delle istituzioni", Relazione al Consiglio regionale dell'Île-de-France, 2014, p. 1.

2. Blandine LEVSAIN, "Dove devi vivere per avere successo a scuola?" », Le Figaro, 1er luglio 2014.

3. MINISTERO DELL'ISTRUZIONE NAZIONALE, "L'evoluzione delle competenze generali degli studenti al termine della scuola media dal 2003 al 2009", Nota, n^{oh} 22.10, dicembre 2010.

4. Programma internazionale per il monitoraggio del rendimento degli studenti, indagine condotta tra gli studenti quindicenni dall'OCSE (Organizzazione per la cooperazione e lo sviluppo economico) in una trentina di paesi, per confrontare il loro livello in matematica, scienze ed espressione; MINISTERO DELL'ISTRUZIONE NAZIONALE, "Studenti quindicenni in Francia secondo PISA 2012 in cultura matematica: calo del rendimento e aumento delle disuguaglianze rispetto al 2003", Nota informativa, n°$^{13.31}$, dicembre 2013.

5. "L'insegnamento della lettura in Europa: contesti, politiche e pratiche", rapporto Eurydice, maggio 2011.

6. "La formazione nell'istruzione superiore: il futuro dopo il diploma di maturità degli studenti iscritti alla sesta classe nel 1995", Note d'information, n. ᵒʰ 12.05, Ministero della Pubblica Istruzione, Direzione per la valutazione della previsione e della performance, giugno 2012.

7. Fabrice M.URAT, "Ritardo scolastico in base al background genitoriale: l'influenza delle competenze dei genitori", Economie et Statistique, n ᵒʰ 424-425, INSEE, 2009.

8. A cui l'amministrazione, sopraffatta dalla sofisticatezza delle proprie regole, si affida per rispondere alle domande più complesse.

9. Mary DURU-BELLAT, "La segregazione sociale a scuola: fatti ed effetti", Diversité, n ᵒʰ 139, CNDP, dicembre 2004, p. 73-80,

10. Nel 2001, Sciences Po Paris ha deciso di istituire una modalità parallela di ingresso al primo anno per gli studenti che studiano in un centinaio di scuole superiori in ZEP partner, che evitano il concorso. L'8% degli studenti di Sciences Po vi accede in questo modo.

11. Mentre è possibile attraversare i ponti che portano dal diploma di maturità professionale al successo nell'istruzione superiore a lungo termine,

rimane più semplice e più sicuro per uno studente che ha la capacità di continuare nell'istruzione generale.

12. Serie "Life of girl", prodotta da Osez le féminisme!

13. Nel 2014 le ZEP sono diventate REP (priority education network). Molte etichette designano strutture chiamate a ricevere un po' più di risorse rispetto alle altre per compensare gli svantaggi legati alla loro assunzione.

2

La legge di ferro dell'indirizzo

«I processi di segregazione stabiliscono distanze morali che fanno della città un mosaico di piccoli mondi che si toccano senza compenetrarsi [1].»

VS come si entra al liceo di Quesnay? Vivendo nel quartiere. Come quasi tutte le scuole superiori, François Quesnay recluta i suoi studenti sulla base della mappa della scuola. Ma vivere nel quartiere non è alla portata di tutti. Il mio amico Max ha sperimentato questo. Poiché suo figlio si stava avvicinando all'età del college, sua moglie lo informò che il college vicino a casa loro doveva essere evitato. Sapeva da una fonte attendibile (dai suoi vicini, in questo caso) che gli studenti venivano estorti e che i giovani giravano per lo stabilimento in motocicletta. Niente di drammatico, ma abbastanza per preoccupare la madre di un bambino di dieci anni. C'è sì un collegio cattolico privato, ma abbastanza lontano; e difficilmente seduce questa famiglia ebrea. Dirigente di origini modeste, cresciuto in periferia e sopravvissuto, Max avrebbe lasciato che suo figlio andasse al college pubblico locale. Ma non riesce a superare la riluttanza della moglie. Rimane la possibilità di trasferirsi per educare il figlio al Quesnay College, attiguo al liceo. Dopo molte esitazioni, questa soluzione è stata adottata. Il sacrificio è importante: l' affitto alto di un appartamento meno spazioso compromette ogni possibilità di risparmio per diventare proprietario di casa. Ma

il bambino viene ammesso al Quesnay College.

Quando non hai uno stipendio da alto dirigente (o non conosci personalmente nessun ministro), la soluzione Quesnay viene automaticamente eliminata. La scelta della scuola diventa poi più complicata. Marianne è una logopedista. La conosco dai tempi del liceo. Ha avuto due figli con Jérôme, che è un direttore di teatro e un grande tuttofare davanti all'eterno. L'ha convinta ad acquistare una casa in cattive condizioni situata a Montreuil, tra la stazione della metropolitana Croix de Chavaux e il parco Beaumonts. Marianne ha accettato di stabilirsi lì solo a condizione di trovare una soluzione per la scolarizzazione dei bambini, la cui organizzazione costituisce la sua seconda carriera. Ha quindi iniziato studiando le scuole di Montreuil. Dopo aver rapidamente concluso che non erano adeguate, ha inventariato le alternative, ha trovato una soluzione accettabile e, infine, ha dato il suo consenso. Una cena con loro mi insegna molto sull'argomento.

Il padiglione è classico: intonaco bianco, piastrelle meccaniche. Il muro del giardino che si affaccia sulla strada è sormontato da curatissimi glicini e rose rampicanti. Jerome, proprietario rilassato, mi accoglie sui gradini in maglione irlandese e bermuda. Mi mostra i suoi lavori di ristrutturazione, ovviamente felice di avere la sua casa. Apprezza la diversità del quartiere. Essendo di solito libero la mattina, si occupa della spesa e conosce tutti i negozi della zona. "Mangerai verdure di Montreuil, condite con spezie di Montreuil", scherza. E spiega: "Montreuil è fantastica per questo. Pepe del Camerun, curry di Madras, roba libanese... Hai tutto qui. »

Marianne sembra condividere la sua soddisfazione, che tuttavia modera :

— Sono ancora infastidito dal fatto che Romain faccia mezz'ora di trasporto ogni giorno. È al collegio Hélène Boucher, nel 20°.

— È una struttura piuttosto buona, vero? Farai lo stesso per Sarah?

Si guardano, un po' imbarazzati.

— Diciamo che la questione non è risolta, dice ridendo Jérôme. Hélène Boucher è molto brava, ma non funzionerà più. Già, per Romain, abbiamo avuto un momento difficile. Inizialmente volevo solo presentare un certificato di alloggio, visto che abbiamo un amico in zona. Ma sembra che lo facciano tutti e la scuola non ne vuole più sentire parlare. Così, cercando in Rete, ho trovato la possibilità di acquistare una casella di posta, con inoltro della posta. Normalmente, è fatto per i professionisti ma, dato che Marianne è una professione liberale, ha funzionato. Ci costa trenta euro al mese e non ci sono stati problemi. Una volta insediatosi, l'anno successivo, il collegio non chiese altro.

— Il problema è che l'Accademia di Parigi è diventata molto severa, spiega Marianne. Ci sono stabilimenti che chiedono tre prove di residenza a nome dei genitori e Hélène Boucher chiede la tassa di soggiorno. E lì, tutti sono bloccati.

Ci saranno molti studi rivenduti nel settore, scherza Jérôme. Tutte persone che hanno comprato solo per avere un indirizzo vicino a Hélène Boucher, per non parlare del 5° arrondissement. Gli annunci di Studio near Lycée Louis Le Grand" stile, è finito. Inoltre, se proviamo qualcosa che non funziona, la situazione diventa insostenibile per Romain, che rischia il licenziamento.

Confermo.

— Esatto. Nel mio liceo, il preside ha convocato alcuni genitori che creavano problemi e ha detto loro apertamente che avevano una settimana per ritirare il figlio dall'istituto o che stava sporgendo denuncia per falsificazione di documenti amministrativi.

— Quindi, non si tratta di correre questo tipo di rischio, aggiunge Marianne, che sembra molto contenta del mio intervento. Il modo più semplice è mettere Sarah in un college vicino, il che va bene, ma Jerome non vuole.

Quando si scalda, trovo l'adolescente un po' goffo che conoscevo una volta. Si pulisce gli occhiali, rimanda indietro una folta ciocca marrone.

— Vuole metterla con i cattolici, spiega Jérôme, con un

sorrisetto.

"Cathos, forse, ma dalla prima media puoi prendere due lingue vive, ci sono uscite a teatro, gite a Roma per le terze, il livello è buono e ci stanno andando diversi amici di Sarah. Inoltre la messa non è obbligatoria, nemmeno il coro.

— I collegi di Montreuil non sono proprio impossibili? Marianne alza gli occhi al cielo.

— È il caos. Dipendiamo dal collegio Lenain de Tillemont. Non era famoso e, dopo l'allentamento della mappa della scuola, tutti scappano. Seicento posti, trecento studenti.

Girolamo interviene.

— È una storia stupida. Il collegio ha premesse piuttosto buone e risultati molto corretti. Ma poiché si trova dall'altra parte del parco Beaumonts, tra due città, gode di una cattiva reputazione. Inoltre, è classificato come "ambizione di successo" ei genitori preferiscono che il successo sia una realtà piuttosto che un'ambizione. Una volta che hai il cartello "università problematica", i ragazzi che potrebbero alzare il livello se ne vanno, le classi chiudono, gli insegnanti se ne vanno. Vogliamo giocare al gioco della scuola di quartiere, ma non da soli.

Durante la cena, rimisi l'argomento sul tappeto.

— Se ho capito bene, quando sei venuto a stabilirti qui, era la scuola il problema?

— Il problema è sempre lo stesso, spiega Marianne. Le buone scuole della zona sono Vincennes o Saint-Mandé e l'alloggio è troppo caro.

Qui abbiamo una certa qualità della vita. Quindi, per averli entrambi, devi vivere qui e mandare i bambini a studiare altrove, conclude alzando le spalle.

— Ha ragione, insiste Jérôme. La mappa della scuola ritaglia i territori in modo più sicuro rispetto al trattato di Vienna. Confronta Montreuil e Vincennes. Le due città sono vicine, ma Vincennes è molto più borghese e sono sicuro che ciò sia dovuto in parte alle scuole. E non ti sto parlando di Parigi. Prima di trasferirci, quando abitavamo nell'11, Marianne era andata a prendere la tessera scolastica. Ad esempio, la stessa strada può corrispondere a tre settori diversi. È incredibilmente complesso. Quando abbiamo comprato qui, era possibile bypassare la tessera scolastica, ma è diventato quasi impossibile.

— Tutti fanno grandi discorsi sulla diversità sociale a Montreuil, osserva Marianne. Ma esiste per strada o il giorno del festival musicale, non nelle scuole. È vero che qui c'è un lato simpatico. Quando vai a fare shopping o vai al parco, è molto bello, tutti sono fratelli. Ma quando vai a vedere le scuole, ti rendi conto che non rispecchiano affatto la popolazione. E non voglio mettere i bambini in classi dove i tre quarti dei ragazzi sono in difficoltà. Quindi, rimane solo il privato.

— Capisco. E per il liceo, allora, cosa hai in programma?

— Respiriamo! esclama Marianne.

Come abbiamo visto, il livello delle scuole è molto variabile. Quello che dicono Marianne e Jérôme è che il denaro è all'origine di questa variazione. È vero che la geografia dei risultati di stabilimento riproduce quella dei redditi. Nei quartieri di lusso, nonostante l'infinita capacità dei genitori di stabilire le priorità, gli stabilimenti sono buoni. Nei complessi residenziali poveri, tutti gli istituti sono in difficoltà, indipendentemente dagli sforzi del Dipartimento nazionale dell'educazione o delle squadre in loco. Rimangono i distretti di confine , come Montreuil, in una via di mezzo.

Per evidenziare l'influenza del denaro, cerco una città la cui situazione sia relativamente facile da decifrare e scelgo Digne-les-Bains, prefettura delle Alpes de Haute-Provence. È una città di 17.000 abitanti, che si estende lungo la Durance. Oltre a un piccolo liceo privato, che conta solo una trentina di studenti diplomati, Digne ha due licei pubblici, situati alle due estremità. Il liceo Alexandra David-Néel, recentemente rinnovato, è considerato "molto nella media" dalla rivista L'Étudiant. È anche il liceo con il punteggio più basso della Provenza-Alpi-Costa Azzurra. Al contrario, il liceo Pierre-Gilles de Gennes è classificato tra i "licei molto buoni". È il miglior liceo pubblico dell'accademia, davanti a quelli di Marsiglia o Aix-en-Provence.

Per stabilire se questi risultati contrastanti siano legati al reddito familiare, è necessario analizzare la distribuzione di quest'ultimo a Digne. La città non ha davvero una borghesia. I redditi sono molto omogenei. Tuttavia, i meccanismi segregativi stanno funzionando lì. Le informazioni fornite da INSEE2 sui guadagni normali per quartiere dipingono la tabella di accompagnamento: verso sud, le tre aree che comprendono la scuola secondaria Pierre-Gilles de Gennes sono le più stravaganti della città, con una paga tipica per ogni gruppo da qualche parte nella gamma di 33.000 e 39.000 euro all'anno. Verso nord, le zone che danno accesso alla scuola secondaria David-Néel hanno una paga tipica tra i 26.000 ei 30.000 euro. In effetti, anche qui, la legge dell'indirizzo risulta come previsto.

È chiaramente centuplicato nelle enormi comunità urbane e, soprattutto, nell'Île-de-France. Una relazione simile è rintracciata nell'istruzione avanzata. I college situati nelle aree rurali oppresse di Parigi hanno i tassi di sovvenzione più notevoli e i tassi di rendimento più bassi nell'area centrale della Francia.

Le buone scuole rendono i quartieri costosi

Se i quartieri costosi favoriscono buone scuole, è vero anche il contrario: preoccupate per il successo scolastico dei propri figli, le famiglie sono disposte a pagare di più per un alloggio vicino a buone scuole. Per convincersene basta leggere i dettagli che accompagnano gli annunci immobiliari sul sito Da privato a privato (www.pap.fr). Oltre a menzionare l'importo delle tasse locali, il sito include dati e valutazioni sulle scuole superiori, forniti dal Ministero della Pubblica Istruzione. Ad esempio, per gli alloggi situati nel centro di Lille, fornisce il tasso di successo, il profilo e il "valore aggiunto" delle cinque scuole superiori, pubbliche o private, vicine.

L'alloggio è quindi più costoso vicino a buone scuole. L'individuo indagato. Uno studio vicino al liceo Hélène Boucher, ad esempio, ha un valore aggiunto del 20% rispetto alla media del 20° arrondissement. I ricercatori hanno scientificamente misurato questo effetto. Il loro metodo consisteva nel confrontare i prezzi di alloggi della stessa dimensione e situati nella stessa strada, ma che non davano accesso allo stesso collegio. Analizzando i dati forniti dalla Camera dei Notai di Parigi su 200.000 transazioni immobiliari, Gabrielle Fack e Julien Grenet, della Paris School of Economics, evidenziano una precisa parentela: a Parigi, una media superiore di 1,6 punti a quella della vicina college comporta una differenza di prezzo al metro quadro dell'1,4% [3]. Uno studio americano condotto in Massachusetts ha mostrato lo stesso tipo di relazione, con genitori disposti a pagare il 2,5% in più per l'alloggio per accedere a una scuola primaria con risultati dei test nazionali superiori del 5%. [4].

L'impatto della qualità delle scuole sui prezzi degli immobili si osserva principalmente nelle grandi città. È legato all'esistenza di una mappa scolastica. La presenza di stabilimenti privati, che sfuggono a questa regola, tende a ridurre questo fenomeno, senza eliminarlo. Da quanto sopra si può dedurre che la disuguaglianza tra gli stabilimenti è tanto maggiore quanto più i quartieri sono socialmente omogenei. È quindi nelle grandi metropoli, dove c'è grande ricchezza e sacche di grande povertà, in particolare a Parigi e Marsiglia, che è più marcata. La tendenza è verso l'accentuazione della segregazione spaziale, una divisione dello spazio ottenuta principalmente dalle differenze nei prezzi degli immobili. Un agente immobiliare mi ha spiegato di aver chiamato la sua agenzia L'Adresse, perché "il prezzo dell'alloggio dipende da tre cose: l'indirizzo, l'indirizzo, l'indirizzo". Vendere un ripostiglio per scope nel 7° arrondissement di Parigi, infatti, permette di acquistare una residenza di charme in Corrèze o nella Somme. Come ci siamo arrivati?

Tornando all'Ottocento, troviamo in tutte le città di una certa dimensione la traccia di quartieri socialmente contrastanti. Ma la cesura non è sempre rigorosa. Nell'edificio di Pot-Bouille, romanzo di Zola, i pavimenti rispecchiano la gerarchia sociale: gli appartamenti borghesi occupano i primi livelli (l'uso dell'ascensore non è ancora diffuso), mentre le stanze delle domestiche sono annidate sotto i tetti; famiglie modeste sono ospitate tra i due. È infatti necessario che i servi e tutti coloro che lavorano al servizio delle classi privilegiate siano alla portata dei loro datori di lavoro. La separazione dei gruppi sociali si allargherà in seguito con lo sviluppo dei trasporti. Tuttavia, questa tendenza fu interrotta durante i gloriosi anni Trenta,

Di fronte a una crisi abitativa, la Francia negli anni '50 e '60 ha costruito blocchi, cubi, torri e bar. I "grandi complessi" sono dotati di parcheggi per accogliere le auto che tutti via via stanno attrezzando, cucine che verranno ad arredare la tavola di formica, la lavatrice e la stufa che simboleggiano questo periodo, quello della gentrificazione della classe operaia, anche quello dove il (giovane) farmacista, il negoziante o il maestro del quartiere vivono negli stessi edifici degli operai e degli impiegati. Questa convivenza risulta dalla scarsità di alloggi, ma anche dall'ideologia che ha presieduto alla costruzione di grandi complessi residenziali, quella di un'attenuazione delle differenze sociali all'interno di una società "media". Le organizzazioni che gestiscono gli HLM (alloggi a basso reddito) assicurano la diversità degli occupanti, promuovendo l'insediamento delle classi medie nei grandi complessi residenziali e quello delle classi lavoratrici nelle aree suburbane.

Comunque sia, lo Stato sollecita l'accesso alla proprietà, ad esempio con la legge Barre-Barrot del 1975. La sezione attraverso vasti domini abitativi è successivamente, per le classi lavoratrici, una fase ristretta, un "trampolino privato". Il turn-over di questi popoli nelle strutture sta accelerando... fino al secondo in cui hanno smesso di passare per la scatola delle case alloggio e sono stati soppiantati da popoli sempre più sfortunati, che sono venuti per rimanervi naturalmente. Un numero sempre crescente di occupanti stava lottando per pagare l'affitto, in particolare con l'aumento della disoccupazione. Le associazioni restrittive sono state rovinate. Eppure, i bar lavorati in fretta e furia per adeguarsi alla carenza di alloggi sono di discreta qualità. La loro manutenzione è costosa. Nel momento in cui i contratti di locazione fin d'ora non arrivano, l'alloggio si indebolisce e gli occupanti possono sopportare di andarsene. Per quanto riguarda gli enormi edifici lavorati vicino agli impianti di trasformazione, stanno vivendo la deindustrializzazione. I loro occupanti vengono quindi intrappolati in quartieri senza futuro. In questa direzione, gradualmente, si inquadrano i ghetti.

Ghetti in Francia?

La forma esacerbata del separatismo sociale è il ghetto. Questo termine, usato frequentemente negli Stati Uniti, è applicabile alla Francia? Ha acquisito visibilità da quando il primo ministro Manuel Valls ha denunciato, in un discorso rimarcato [5], "i ghetti; un apartheid territoriale, sociale, etnico". Alcuni sociologi, come Loïc Wacquant o Sophie Body-Gendrot, ritengono che la storia molto particolare degli Stati Uniti, in particolare il peso del razzismo, impedisca di spingere troppo il confronto. Altri, come l'economista Éric Maurin [6], usano la parola. Didier Lapeyronnie, che ha studiato per cinque anni un quartiere povero di una città di provincia, ritiene che sia ormai possibile parlare di ghetti, a causa del rafforzamento, negli anni 2000, della segregazione urbana e della discriminazione razziale. , così come la crescente disuguaglianza dei quartieri di fronte alla disoccupazione.

Descrive come le immense difficoltà abbiano dato vita a forme di autorganizzazione nel quartiere. Il traffico di droga è la principale attività economica. La sua struttura di base è la famiglia, i beni importati dalla grande città. La vendita è organizzata per vani scala. Lo smantellamento di una banda è immediatamente seguito dalla comparsa di un'altra. Nel distretto studiato da Didier Lapeyronnie, le autorità negoziano con i commercianti la distribuzione di alcuni aiuti sociali, il sostegno durante le elezioni, persino il mantenimento dell'ordine. Il sociologo osserva che l'immagine negativa del quartiere ossessiona i suoi abitanti [7].

Tuttavia, la forma del ghetto rimane eccezionale. I dati relativi alle aree urbane sensibili (ZUS), i quartieri svantaggiati presi di mira dalla politica cittadina, lo dimostrano chiaramente. ZUS ospita circa 4,5 milioni di abitanti e il 13% degli studenti. Con il triplo dei poveri, il triplo degli immigrati e il doppio dei disoccupati che altrove, questi quartieri potrebbero essere paragonati a ghetti urbani. Tuttavia, più della metà degli studenti universitari e l'80% degli studenti delle scuole superiori che vivono in questi quartieri studiano fuori dallo ZUS. Al contrario, più della metà degli studenti delle scuole medie e più dell'80% degli studenti delle scuole superiori che si trovano in ZUS provengono da fuori.

Questa miscela limita la ghettizzazione. Tuttavia, per le famiglie che vivono nelle vicinanze di queste aree, rappresenta una minaccia. I risultati del diploma di scuola secondaria sono chiari in questo senso: più studenti una scuola ha residenti in ZUS, minori saranno i suoi risultati. [8]. All'interno delle famiglie del quartiere più legate al successo dei propri figli e nei quartieri limitrofi domina la volontà di evitare a tutti i costi le scuole associate a questi quartieri. Uno studio su Montpellier [9] conclude che, in deroga o ricorso al privato, il 75% degli alunni della classe media e medio-alta evita l'università di settore nei quartieri "misti". Queste strategie hanno senso: vivere in un'area urbana sensibile raddoppia il rischio che un figlio dirigente rimanga indietro a scuola, secondo l'osservatorio ZUS [10]

.I quartieri non sono quindi separati in modo ermetico, ma la scuola contribuisce fortemente a che lo diventino. Questi dati confermano solo ciò che è ovvio per gli insegnanti del settore. A titolo di esempio, consultiamo l'elenco degli stage trovati dagli studenti di prima media. In un collegio popolare dominano le imprese locali, spesso contattate con l'aiuto degli insegnanti. Al François Quesnay College, che accetta alcuni stage in Florida o Quebec, predominano aziende prestigiose, in particolare nei settori dell'audiovisivo, della comunicazione o della finanza che interessano gli studenti e danno lavoro ai loro genitori.

La controparte della ghettizzazione è la gentrificazione, vale a dire la trasformazione dei quartieri popolari situati nel centro cittadino con l'arrivo di classi medie colte, in particolare professioni culturali, che possono così coniugare tra loro vicinanza dal centro e prezzi immobiliari accessibili, senza trascurare le potenziali plusvalenze immobiliari. Questo movimento interessa generalmente i quartieri non lontani dai bei quartieri. Rafforza l'omogeneità sociale delle grandi città e in primis di Parigi, allontanando sempre più dal centro le classi lavoratrici [11].

Certo, i "gentrifiers", che affermano il loro rifiuto di vivere in quartieri borghesi, per loro comunque inaccessibili, non vedono alcun inconveniente nel fatto che i loro figli frequentino scuole borghesi in quartieri di alto livello. Il politologo Jacques Donzelot spiega:

Le piaghe parigine sono tanto legate al loro quartiere quanto alle principali città del mondo. La vicinanza a luoghi di trasporto, stazioni nazionali o internazionali e grandi aeroporti è quindi un fattore determinante. La seconda motivazione è la vicinanza di buone scuole superiori. Molti genitori sono pronti a trasferirsi a discapito di un certo comfort di vita, per essere più vicini ai migliori licei per i propri figli.[12].

A Parigi, dove ci sono voluti fino agli anni '80 perché impiegati e lavoratori diventassero una minoranza, la gentrificazione sta gradualmente progredendo da sud-ovest a nord-est. A parte qualche isolato intorno alle stazioni e qualche settore del 18°, 19° e 20° arrondissement, il processo è quasi completo. Tanto che la percentuale di studenti di prima media provenienti da contesti molto privilegiati è passata dal 41% al 47% durante gli anni 2000.

Allo stesso tempo, il fenomeno ha varcato i confini della capitale. Nonostante la forte opposizione tra Parigi e la sua "periferia" – termine peggiorativo che nessuno si sognerebbe di applicare a Neuilly-sur-Seine o Marnes-la-Coquette – la mancanza di spazio ha spinto alcuni, come i miei amici Marianne e Jérôme, attraversare la tangenziale, barriera molto simbolica, verso Montreuil o Bagnolet, che alcuni chiamano "DOP-TOP" (dipartimenti e territori oltre la tangenziale). Sentito per bocca di un insegnante, questo acronimo illustra bene il disprezzo sociale a cui può portare la necessità di dissanguarsi attraverso le quattro vene della piccola borghesia intellettuale per far coincidere il proprio indirizzo con l'ambiente sociale a cui si aspira.

In tutta l'Île-de-France, la percentuale di dirigenti tra gli acquirenti di appartamenti è passata dal 30% nel 2009 al 38% nel 2013, secondo la Camera dei notai, il che significa che il fenomeno è accelerato. In Île-de-France, un territorio incredibilmente contrastante in termini di reddito, ci colpisce anche il fatto che il tenore di vita medio – il reddito disponibile lordo per unità di consumo – ha superato i 25.000 euro nel 2010. [13] all'anno a Parigi o Hauts-de-Seine, ma era meno di 15.000 euro a Seine-Saint-Denis. A un esame più attento, le differenze sono molto più pronunciate. Così, a Boulogne-Billancourt, il reddito familiare medio nel 2010 era di 26.198 euro nel quartiere più povero e di 119.967 euro in quello più ricco! A Parigi, il reddito medio varia da 19.837 euro a... 181.873 euro a seconda del quartiere! Queste differenze vanno di pari passo con l'evoluzione differenziata dei prezzi delle abitazioni. Tra il 2009 e il 2014, questo è aumentato del 25% a Montreuil e del 29% a Bagnolet, ma è diminuito del 6% a Noisy-le-Sec (confinante con Montreuil) e del 27% ad Aulnay-sous-Bois, a pochi chilometri di distanza.

La stessa disuguaglianza si riscontra nelle altre grandi città: nel quartiere più povero di Grenoble, il reddito medio è di 16.175 euro per nucleo familiare, contro gli 86.297 euro di alcune zone di Meylan, il suo sobborgo chic. Marsiglia ha alcuni dei quartieri più ricchi di Francia... e alcuni dei più poveri.

Il risultato di questa strategia dei più ricchi e della corsa che lanciano è disegnare quartieri omogenei nelle grandi città. In un quartiere uniformemente benestante come quello del Lycée Quesnay, gli studenti non hanno idea del tenore di vita in Francia. Sono molto sorpresi di apprendere che lo stipendio medio non supera i 2.000 euro netti al mese. Nelle scuole superiori dove ho lavorato, gli studenti sono rimasti colpiti quando ho presentato loro i dati sui redditi molto alti. Hanno posto domande ingenue (ma pertinenti), come: "Come puoi spendere così tanti soldi? Al Lycée François Quesnay le reazioni sono molto diverse. Apprendendo che i dirigenti più pagati della finanza hanno ricevuto in media più di 4 milioni di euro nel 2012, uno studente si preoccupa: "Ma perché restano in Francia? Devono essere uccisi dal fisco! Un altro lo ha subito disingannato: "Mio padre è a Londra e anche a lui prendiamo tutto, sai. "Sarà necessario creare un'unità di supporto psicologico presso il liceo Quesnay al momento del terzo provvisorio?

Al fine di favorire l'interazione sociale, gli annunci immobiliari ora includono i dati socio-demografici relativi al quartiere. Sotto la sezione "Vicini", il sito Da individuo a individuo accompagna così un annuncio immobiliare con dati socioeconomici:

reddito medio, tasso di disoccupazione, età media, profilo del quartiere ("giovani dirigenti dinamici", ad esempio).

Cosa succede alle popolazioni cacciate dai centri urbani dall'aumento dei prezzi? Spesso vanno lontano in cerca di tranquillità e di una migliore qualità della vita. D'altra parte, il proprietario di una bella casa a Vinon-sur-Verdon prende l'auto tutti i giorni per andare a lavorare a Marsiglia e l'abitante di Louviers si preoccupa del traffico ferroviario verso la stazione di Saint-Lazare. Oltre ai trasporti, il problema di questi pionieri è la scuola. Dimensionate per le popolazioni rurali in declino, le scuole non soddisfano i desideri degli abitanti delle zone rurali, né in termini di vicinanza né di qualità.

Si noti infine che l'alto costo degli alloggi predice una buona popolazione scolastica, ma non la garantisce. Esiste un certo gioco, soprattutto nelle grandi città. Pur con una quota del 47% di famiglie benestanti, la qualità delle scuole non sempre c'è, come sanno bene i genitori degli alunni più attenti; e sottili sfumature sociologiche si trasformano facilmente in un grande divario in termini di valore accademico delle scuole. Lo abbiamo visto con i quartieri "di frontiera", vale anche per i quartieri alti. Così, nella buona città di Neuilly-sur-Seine, uno dei licei, pur essendo situato in un quartiere prestigioso, è di livello molto medio, per la spietata concorrenza di un buon liceo pubblico e tre buoni licei privati. . Nelle grandi città la mappa della scuola è quindi una variabile strategica.

La mappa e il territorio

La mappa delle scuole assegna gli studenti a scuole, college e licei in base al loro luogo di residenza. All'università l'assegnazione dipende dall'indirizzo dell'istituto frequentato in terminale. Quando fu introdotta nel 1963, lo scopo principale della mappa delle scuole era quello di prevedere quanti studenti sarebbero arrivati in un college o in una scuola superiore, in modo da gestire al meglio la creazione e la chiusura delle classi. L'istruzione è stata resa obbligatoria fino all'età di sedici anni nel 1959. A causa dell'esplosione numerica, è diventato piuttosto acrobatico trovare un posto per ogni alunno in un istituto vicino a casa sua. La mappa deve consentire di anticipare i flussi.

Con essa le famiglie non possono più scegliere la scuola per i propri figli. A tutte le istituzioni che usufruiscono degli stessi programmi, degli stessi orari e dello stesso corpo docente, è garantita la parità di trattamento degli utenti, principio fondamentale del servizio pubblico. In linea di principio, non c'è motivo di preferire una scuola all'altra. Anche se all'epoca non era una preoccupazione centrale, la mappa delle scuole impedisce a certi istituti stigmatizzati di vedere fuggire le famiglie e promuove la diversità sociale.

Oggi questo mix sociale è un obiettivo assegnato esplicitamente alla mappa della scuola dalle autorità pubbliche, a volte presentato anche come un imperativo morale. Descrivendo in un rapporto la situazione di cinque famiglie di Romainville che avevano iscritto fraudolentemente i propri figli, bravi studenti, al liceo Condorcet di Parigi, la senatrice socialista Françoise Cartron si era indignata nel 2012: "Il fatto di aver privato il liceo di Romainville di suoi migliori studenti [...] riproduce effetti paritari dannosi per il successo scolastico degli studenti che hanno rispettato la settorizzazione [14.] In altre parole, sarebbe dovere dei genitori di bravi studenti lasciare i propri figli con studenti meno bravi al fine di promuovere l'andamento di quest'ultimo.In prima lettura, ho chiesto se ci fosse un errore.Che una concezione così radicale, quasi sacrificale possa essere affermata in un paese democratico è abbastanza sorprendente e si dubita che i genitori di bravi studenti la condividano.

Detto questo, va ricordato che questo mix sociale è rimasto a lungo un puro incantesimo. Negli anni '60 il college era diviso in tre flussi gerarchici. La prima è stata la scuola media. I ragazzi, soprattutto di provenienza privilegiata, vi imparavano il latino e le discipline umanistiche in questi "piccoli licei", divenuti poi i CES (collegi di istruzione secondaria). La sezione 2, destinata più in particolare a studenti seri provenienti da contesti della classe operaia e sviluppata negli istituti di istruzione generale (CEG), ha portato agli istituti di istruzione tecnica, mentre le classi di transizione nel terzo flusso preparavano all'apprendistato e alla vita attiva. Non ci siamo mescolati e l'assenza di diversità in ogni categoria di stabilimento ha limitato la tentazione di aggirare la mappa delle scuole.

Nel 1975 la riforma Haby abolì i corsi, creando il famoso collegio unico. All'inizio era davvero unico solo nel nome, perché molti studenti erano orientati verso percorsi tecnologici o professionali, in particolare alla fine della quinta elementare. Alla fine degli anni '70, solo il 40% degli studenti iscritti al sesto anno entrava a far parte del secondo generale. E le possibilità di essere "orientato", cioè escluso dal percorso che porta al baccalaureato generale, dipendevano tanto dall'estrazione sociale dell'alunno quanto dai suoi risultati. Il collegio unico era dunque un formidabile luogo di smistamento ed eliminazione, che produceva classi abbastanza omogenee.

Le cose sono gradualmente cambiate nel corso degli anni '80, con la riduzione degli orientamenti al di fuori del percorso generale in collegio. È diventato possibile un vero mix sociale ed è lì che sono iniziati i problemi. Non necessariamente per le classi superiori, che comunque si tenevano per sé nei quartieri di lusso. Ma la mescolanza sociale minacciava le classi medie, i cui figli rischiavano di mescolarsi con quelli delle classi lavoratrici in istituti meno attraenti e classi meno selettive.

Certo, la riforma è stata accompagnata dalla ripresa della maggior parte dei programmi e dei requisiti del CES, erede del piccolo liceo. Il livello teorico del singolo collegio è quindi buono. Ma questi programmi impongono un ritmo veloce, pedagogie abbastanza tradizionali. Sarebbe un miracolo se tutti i bambini fossero improvvisamente in grado di assorbirli. Fin dall'inizio era prevedibile che molte strutture si sarebbero trovate rapidamente in difficoltà.

Una volta confermata la previsione, i genitori appartenenti alle classi medie cercarono di sfuggire a queste difficoltà, e quindi al vincolo che la mappa della scuola poneva loro.

Strategie di elusione sviluppate negli anni '80 e '90. È diventato addirittura un "castagno" della stampa periodica, che ne fa puntualmente l'inventario, con tanto più interesse in quanto i giornalisti fanno proprio parte delle categorie sociali "minacciate" dalla co-educazione scolastica. Oggi il 10% dei bambini viene educato in una scuola pubblica diversa da quella del quartiere e il 20% nel settore privato. Quasi un bambino su tre fugge quindi dalla scuola pubblica del suo distretto. Siamo molto lontani dall'uguaglianza. E queste medie sono ampiamente superate in alcuni luoghi. Montreuil, ad esempio, ha solo ventidue seconde classi, mentre questa città di

100.000 abitanti conterebbero il doppio se tutti i suoi giovani fossero istruiti lì [15]. Dove sono finiti gli studenti scomparsi? I figli di Marianne e Jérôme non sono soli la mattina, nella metro che porta a Parigi! In media, il 12% degli alunni CM2 a Seine-Saint-Denis "scompare" quando entra in prima media.

Come aggirare la mappa della scuola? I mezzi non mancano.

Il primo è l'uso dell'istruzione privata. Alcuni istituti sono fuori contratto con la Pubblica Istruzione e costosi (da 4.000 euro a... 30.000 euro all'anno). Ma la stragrande maggioranza degli istituti privati è convenzionata con lo Stato e fa parte del servizio pubblico di istruzione. I genitori hanno la certezza di seguire i programmi e gli orari nazionali e che è possibile passare dal privato al pubblico senza difficoltà. Poiché gli stipendi degli insegnanti sono pagati dallo Stato, questi istituti sono alla portata delle classi medie (da 1.000 euro a 2.000 euro all'anno).

Ma sfuggono alla mappa della scuola, anch'essa piuttosto discutibile e che potrebbe benissimo essere messa in discussione dalle autorità pubbliche. Del resto, se le cliniche private sono integrate nei sistemi delle organizzazioni sanitarie regionali, perché non fare lo stesso nel sistema educativo? Questi stabilimenti privati a volte giocano al gioco della mescolanza sociale ed etnica. Sappiamo di collegi cattolici che accolgono una maggioranza di studenti musulmani o in cui le famiglie dei dirigenti accettano di inserire i propri figli nonostante un reclutamento prevalentemente popolare.

Tuttavia, le scuole private spesso svolgono il ruolo di ricorso quando le prestazioni o la reputazione della scuola pubblica locale lasciano a desiderare. Selezionano in archivio, controllano la motivazione dello studente e della sua famiglia; insomma si danno i mezzi per ottenere buoni risultati. Ed è efficace: gli stabilimenti privati sono oggi i migliori in Francia, torneremo su questo. Queste esibizioni sono ovviamente legate al pubblico ricevuto. I genitori disposti a rivolgersi al settore privato ea pagare le tasse universitarie sono necessariamente molto preoccupati per il successo scolastico dei propri figli e pronti ad agire per promuoverlo, il che è molto importante. Il ricorso al settore privato contribuisce notevolmente ad ampliare i divari di livello tra gli stabilimenti. In un contesto instabile come quello della regione parigina, dove i genitori sono molto vigili (o isterici, a seconda dei punti di vista) e dove la scelta della scuola è ampia,

Questo è quello che è successo nella città di periferia in cui vivo. La scuola superiore pubblica aveva la reputazione di essere dura con gli studenti deboli, ma efficiente. L'allentamento della disciplina e della selezione, dovuto alla zelante applicazione delle istruzioni ufficiali da parte del nuovo preside, allertò immediatamente le famiglie più ricche. Ho iniziato a ricevere chiamate da vicini o amici che cercavano di evitare il liceo e volevano sapere se avevo una soluzione. Alcuni andarono al vicino liceo privato, che guadagnò in qualità grazie a un effetto altalena, altri in istituti più lontani. Gli insegnanti delle scuole superiori pubbliche hanno calcolato che, dei bravi studenti della prima media della città, la metà ha evitato la scuola superiore. Questa emorragia di elementi buoni ha accentuato il declino: i posti liberi in terminale sono stati presi da ripetitori rifiutati altrove a causa della loro pessima cartella, talvolta proveniente da lontano e che l'ispezione accademica imponeva a causa dei posti disponibili. Una volta iniziata la spirale negativa, è difficile invertirla. Si dice che i mercati finanziari siano paurosi come topi e abbiano la memoria di un elefante. Lo stesso si potrebbe dire dei genitori degli studenti: pronti ad abbandonare l'istituzione in declino, vi ritorneranno solo quando saranno certi di non correre alcun rischio per la loro prole. Si dice che i mercati finanziari siano paurosi come topi e abbiano la memoria di un elefante. Lo stesso si potrebbe dire dei genitori degli studenti: pronti ad abbandonare l'istituzione in declino, vi ritorneranno solo quando saranno certi di non correre alcun rischio per la loro prole. Si dice che i mercati finanziari siano paurosi come topi e abbiano la memoria di un elefante. Lo stesso si potrebbe dire dei genitori degli studenti: pronti ad abbandonare l' istituzione in declino, vi ritorneranno solo quando saranno certi di non correre alcun rischio per la loro prole.

altro modo frequentemente utilizzato per eludere la tessera scolastica, gli indirizzi falsi sono ovviamente più accessibili a coloro che hanno contatti nel distretto da cui dipende l'ambita istituzione. E' infatti necessario produrre un certificato di alloggio. Affittare una cassetta postale è un'alternativa. Questo servizio offerto su Internet è essenzialmente destinato agli autoimprenditori e alle libere professioni. Costa dai venti ai quaranta euro al mese, spese di spedizione comprese. La rinuncia può essere richiesta anche in base alla sede di lavoro, eventualmente con falsa promessa di lavoro.

Affittare o acquistare una proprietà in una posizione ideale è una soluzione radicale. Si vede così che la richiesta di superfici molto piccole (meno di 10 m2) è molto alta in prossimità di prestigiosi licei (Thiers a Marsiglia o Condorcet a Parigi, per esempio). È anche possibile "prendere tre piccioni con una fava": Le Particulier cita il caso di una famiglia di Tolosa alla ricerca di uno studio situato vicino al prestigioso liceo Pierre de Fermat, per ospitare il loro figlio maggiore... e viverci fittiziamente il loro altri due bambini [16].

Ma queste sfilate non bastano più. In effetti, il National Education sembra voler combattere più efficacemente contro queste pratiche e ha i mezzi per farlo. Sempre più frequentemente, le strutture richiedono alle famiglie diverse prove di residenza e l'avviso di imposta comunale. Come hanno capito Marianne e Jérôme, eludere queste richieste è molto difficile. Nelle grandi città è stata istituita nel 2008 una procedura informatizzata per l'assegnazione degli studenti dal dolce nome di Affelnet. Si privilegia il criterio della prossimità geografica, ma i borsisti beneficiano di un bonus, che modifica l'assunzione da alcuni istituti. A Parigi, ad esempio, le scuole superiori Sophie Germain (7° arrondissement) e Turgot (3° arrondissement) avevano il 45% di borsisti nel 2012.

Infine, bisogna menzionare gli interventi politici, che sono frequenti nel mio liceo. Riguardano pochi istituti, soprattutto nelle scuole secondarie. Ma non tutti hanno contatti con Mazarine Pingeot e questo fenomeno rimane limitato. Il che non lo rende più accettabile in termini di giustizia sociale...

Per non poter aggirare la mappa delle scuole, il separatismo a volte interviene all'interno di una scuola mediocre stessa: per mantenere buoni studenti, la direzione può (a dispetto dei testi ufficiali) formare classi omogenee o, almeno, isolare una buona classe. Questo è stato a lungo chiamato il

"Classi CAMIF", dal nome di questa ex cooperativa legata alla Cassa mutua per gli insegnanti, perché riuniva i figli degli insegnanti di quartiere. Alcuni non esitano a incontrare il preside del collegio ea mettergli in mano il mercato: o forma una buona classe, affidata ai migliori maestri, o ritirano il figlio dall'istituto.

Uno studio ha dimostrato che il raggruppamento di alunni che imparano il tedesco come prima lingua è più frequente nelle università svantaggiate [17].

Opportunità ! Anche la scelta del latino o del greco può svolgere questo ruolo. Ma l'indicatore più chiaro è la classe europea. Non è raro osservare differenze medie di classe di tre punti tra un terzo o un secondo europeo e le altre classi dello stesso istituto. Questa strategia di raggruppamento e separazione è spesso adottata dai presidi, perché da sola permette di mantenere gli elementi migliori, anche se consapevoli dei suoi effetti perversi. Oltre al fatto che possono subire l'ira della loro gerarchia, può portare a scontri tra pubblici molto diversi. La presenza di bravi studenti tende a sottolineare il fallimento degli altri e i sentimenti di reclusione e ingiustizia che possono nutrire. Non c'è classe d'élite senza

" classi trash ", il cui semplice nome descrive crudamente la violenza simbolica con cui giovani e genitori si confrontano.

Verso un'abolizione della mappa scolastica?

Aggirando la mappa della scuola divenuta più complicata, pesa sempre di più la ferrea legge dell'indirizzo. In risposta, nel 2007 il governo ha ampliato le possibilità di deroga, in attesa di un'abolizione totale che avrebbe dovuto avvenire nel 2012... ma da allora è scomparsa nel limbo. Lo Stato quindi soffia caldo e freddo, il che riflette le sue esitazioni: la mappa della scuola limita le strategie di elusione di alcune famiglie... ma blocca coloro che vivono in quartieri svantaggiati in strutture meno buone. Dei due mali, qual è il minore?

Alcune scuole superiori sfuggono alla mappa della scuola. A Parigi, Enrico IV e Louis Le Grand sono totalmente desettorizzati: conta solo la cartella dello studente. A Versailles, dove non c'è la tessera scolastica, il miglior liceo può scegliere i migliori studenti in archivio.

Possono ora essere invocati sette motivi gerarchici di deroga: un handicap, un motivo medico, il fatto di essere borsista, una carriera scolastica particolare, un riavvicinamento di fratelli, il fatto che la residenza sia vicina allo stabilimento desiderato, e "Altro motivi ". Il "corso scolastico speciale" consente agli alunni musicali o multilingue di iscriversi a una scuola che offre orari flessibili. La scelta anticipata di una seconda lingua moderna all'università, l'opzione "storia dell'arte" al liceo sono altre possibilità. Il governo ha deciso di limitare l'impatto di questo motivo dall'inizio dell'anno accademico 2014, perché l'utilizzo di opzioni rare potrebbe essere un semplice pretesto. È quindi normale che una famiglia in cerca di un buon istituto al di fuori del settore richieda un colloquio con il capo dell'istituto e gli faccia un discorso del tipo: "Ecco la cartella di mio figlio. Vedi che è un ottimo studente. Cosa dovrei chiedergli di venire a casa tua? La risposta potrebbe essere "attività sportiva specializzata, opzione pallavolo", ad esempio. Nessuno controllerà le abilità di pallavolo dello studente. Otterrà l'incarico di sua scelta e la scuola superiore, un buon elemento A Parigi, questi "viaggi

persone fisiche " rappresentano il 48% delle richieste di esenzione, tre volte di più rispetto al resto della Francia. Anche il motivo medico può essere manipolato. A volte viene invocato per integrare il mio liceo, sulla base di cartelle cliniche che menzionano "disturbi dell'attenzione" e altre patologie piuttosto vaghe, che dovrebbero richiedere un tempo di trasporto ridotto per lo studente, che si trova vicino, ma fuori zona...

I genitori non si sono precipitati nelle nuove libertà offerte loro. Tra il 2006 e il 2009 le richieste di deroga sono passate dal 6% all'11% degli alunni. Tra il 60% e il 70% è soddisfatto, tanto che le deroghe rappresentano ormai poco più del 7% delle pratiche di affidamento, che rimane basso [18]. Molto più numerose (36%) a Parigi, le richieste sono in gran parte meno soddisfatte (al 31%) che in tutta la Francia, le capacità di accoglienza dei college e delle scuole superiori non essendo estendibili all'infinito.

Le deroghe ovviamente non riguardano tutte le categorie sociali allo stesso modo. Le famiglie benestanti ne hanno raramente bisogno, poiché per definizione vivono dove si trovano i buoni stabilimenti. Da un'indagine condotta a Montpellier è emerso che i collegi dei bei quartieri erano quelli la cui assunzione rispettava maggiormente la mappa delle scuole [19]. Dirigenti privati o negozianti fanno spesso appello all'istruzione privata. A causa della mancanza di informazioni, le classi lavoratrici sono molto spesso soddisfatte dell'istituzione pubblica nel loro distretto. Rimangono coloro che non hanno i mezzi economici per vivere nei migliori quartieri, ma che hanno un livello di istruzione che consente loro di conoscere il sistema scolastico, e sapere che sono possibili esenzioni, come ottenerle e che è importante prendili. Il tipo ideale di cercatore è quindi l'insegnante. Gli insegnanti, infatti, hanno il doppio della probabilità rispetto alla media di iscrivere i propri figli in un istituto pubblico diverso da quello del loro settore.

Perché l'allentamento della mappa scolastica non ha portato alla sua abolizione, come previsto da Nicolas Sarkozy? Il suo record è controverso. Ha portato all'abbandono di alcuni stabilimenti. Così, i funzionari del collegio Henri Longchambon, a Lione, ritengono che l'allentamento, "se avrebbe potuto giovare ad alcuni, ha peggiorato la situazione del loro stabilimento" (quinto collegio più svantaggiato del Rodano). Dato il numero di studenti CM2 sul territorio, avrebbe dovuto accogliere 190 nuovi studenti di prima media, ma

Si sono presentati solo 120 studenti [20]. Con 55 richieste di deroga nel 2010, è stato il college più evitato del dipartimento, nonostante lo spettacolare aumento dei suoi risultati.

Il problema degli stabilimenti evitati è che perdono risorse, perché queste sono legate al numero del personale: offrono quindi meno opzioni e talvolta devono rinunciare alle misure studiate per risolvere i problemi che incontrano. È bene che una scuola non sia troppo grande, per conoscere bene ogni studente, ma una scuola troppo piccola non è praticabile. Ad esempio, se uno studente su dieci studia tedesco, un college con solo due classi per livello avrà solo quattro o cinque germanisti. O non si offrirà più il tedesco nella scuola media, il che le farà perdere altri studenti, o lo sarà, a costo di un notevole consumo di risorse umane, che costringerà a sacrificare un altro insegnamento. Il calo del personale porta anche a tagli di posti di lavoro, che interrompono i team e mettono in discussione i progetti. Infine, le possibilità di successo in questi stabilimenti diminuiscono.

Il governo Hollande è andato quindi nella direzione opposta. La riforma della scuola media potrebbe significare la fine delle classi europee e delle vecchie opzioni linguistiche, così spesso utilizzate dai genitori più informati per aggirare la mappa della scuola.

Bloccati tra una rigida mappa scolastica che avalla la segregazione spaziale e una libertà di scelta che aggiunge segregazione sociale, le autorità pubbliche non hanno trovato una buona soluzione. Il motivo di questa impasse è semplice: è difficile costruire una scuola egalitaria in una società che non lo è. Le enormi tensioni che circondano la mappa della scuola derivano dalle crescenti disuguaglianze tra gli istituti, in un contesto di elitarismo esacerbato e segregazione spaziale. Possono solo peggiorare man mano che genitori più istruiti e più istruiti diventano consapevoli dei problemi.

Per chi osserva le disuguaglianze, c'è un enigma francese: in termini di reddito, la Francia non è particolarmente diseguale rispetto ad altri paesi sviluppati. Il lavoro dell'OCSE (Organizzazione per la cooperazione e lo sviluppo economico) la colloca in una posizione media [21]. Inoltre, l'accesso alla scuola è gratuito e obbligatorio fino all'età di sedici anni. Negli ultimi trent'anni sono state incrementate le borse di studio per i più svantaggiati e le risorse destinate alle strutture disagiate. Tuttavia, la Francia fa meno bene in termini di disuguaglianze educative rispetto ai paesi in cui le élite rimangono tra di loro nelle scuole a 30.000 euro all'anno. Incredibile eppure confermato, anno dopo anno, dalle indagini PISA: "In Francia, la correlazione tra background socio-economico e performance è molto più marcata che nella maggior parte degli altri paesi OCSE", scrivono i responsabili di questa indagine, e " il sistema educativo francese è più disuguale nel 2012 rispetto a nove anni prima" [22]. Questo capitolo ci aiuta a capire perché. Le famiglie di estrazione privilegiata sono quelle che fanno l'uso più efficiente del sistema scolastico che lo Stato mette a disposizione dei cittadini. E ci riescono soprattutto perché sono più ricchi. Il denaro non è tutto, tutt'altro. Ma è la prima ragione per cui i divari tra gli stabilimenti si stanno allargando. Un sondaggio statunitense della PEW Foundation apartitica [23] mostra che la segregazione spaziale aumenta la disuguaglianza di opportunità. La scuola è al centro di questo fenomeno.

Capitolo 2 Note

1. Robert P.ARK, "La città: proposte di ricerca sul comportamento umano in un ambiente urbano" (1925), in The School of Chicago. Nascita dell'ecologia urbana, Editions du Champ urbain, Parigi, 1979, p. 125.

2. Sul sito dell'INSEE sono disponibili i redditi medi di ciascun IRIS (cluster raggruppato per informazioni statistiche), un gruppo di circa mille famiglie.

3. Gabrielle FACK e Julien G.RENET, "Mappa scolastica e prezzi degli immobili a Parigi", in Denise PUMAIN e Marie-Flore M.ATTEI (a cura di), Urban Data, vol. 6, Economica, Parigi, 2011, p. 181-186.

4. Sandra BLACK, "Le scuole migliori contano? Valutazione dei genitori dell'istruzione elementare", Quarterly Journal of Economics, n[oh] 114(2), 1999, p. 577-599.

5. Auguri alla stampa, 20 gennaio 2015.

6. Eric M.AURIN, Il ghetto francese. Inchiesta sul separatismo sociale, Threshold, Parigi, 2004.

7. Didier L.APEYRONNIE, Ghetto urbano.

Segregazione, violenza, povertà in Francia oggi, Robert Laffont, Parigi, 2008.

8. OSSERVATORIO NAZIONALE DELLE AREE URBANE SENSIBILI, Rapporto 2013, Les Éditions du CIV, Parigi, 2013, p. 90.

9. Laurent VISIER e Genevieve ZOIA, La mappa della scuola e il territorio *urbano*, PUF, Parigi, 2009.

10. OSSERVATORIO NAZIONALE DELLE AREE URBANE SENSIBILI, Rapporto 2013, op. cit.

11. Vedi, ad esempio, Anne CLERVAL, Parigi senza il popolo. La gentrificazione della capitale, La Découverte, Parigi, 2013.

12. "Bobos, migranti: due "classi" alla conquista dei centri urbani", Île-de-France 2030, 2 dicembre 2013.

13. sul sito web dell'INSEE, www.insee.fr

14. Relazione informativa n ° 617 (2011-2012) della Sig.ra Françoise Cartron, realizzata a nome della Commissione Cultura, Educazione e Comunicazione, depositata il 27 giugno 2012.

15. Ivi, p. 37.

16. "La mappa delle scuole fa salire i prezzi: gli stabilimenti quotati stimolano la domanda a Parigi e in provincia", Le Particulier immobilier, n °h 292, dicembre 2012,

17. Monique GIRY-VSOISSARD e Xavier N.IEL, "Omogeneità e disparità delle classi nelle scuole pubbliche", Nota informativa, n ᵒʰ 97-30, Ministero della Pubblica Istruzione, luglio 1997.

18. Vedi Gabrielle FACK e Julien G.RENET, Rapporto di valutazione sulla flessibilità della mappa della scuola, CEPREMAP, Parigi, gennaio 2012.

19. Laurent VISIER e Genevieve ZOIA, La mappa della scuola *e il territorio urbano*, op. cit.

20. Rapporto d'informazione n ᵒʰ 617 (2011-2012) della signora Françoise Cardron, op. cit.

21. L'indice di Gini traduce le disuguaglianze con un numero compreso tra 0 (perfetta uguaglianza) e 1 (disuguaglianza totale). La Francia (0,30) è leggermente più diseguale della Danimarca (0,25) o della Svezia (0,27), ma meno degli Stati Uniti (0,38), del Regno Unito (0,34) o della Spagna (0,34).

22. OCSE, risultati del sondaggio per la Francia PISA, 2012.

23. "Mobilità e metropoli. In che modo le comunità contribuiscono alla mobilità economica", rapporto dei fondi di beneficenza PEW, dicembre 2013.

3

Stampelle di supporto scolastico

"Quando un bambino non sta progredendo, deve rinunciare [metodi che non gli si addicono] [1]. »

E non arrivando al Lycée Quesnay, sono rimasto deluso dal livello di espressione e organizzazione degli studenti. Alcuni sembravano addirittura molto deboli nella mia disciplina. Tuttavia, i risultati complessivi sono buoni. Perché i deboli studenti di Quesnay riescono a uscirne e a prendere il diploma di maturità? Ho trovato rapidamente la risposta.

A gennaio ho invertito gli orari di due gruppi di studenti della stessa classe, in modo che uno non fosse svantaggiato rispetto all'altro. Marine è venuta a chiedermi di cambiare il suo gruppo per mantenere lo stesso orario. Le ho detto perché era impossibile e lei ha iniziato a piangere. Quando ha potuto parlare mi ha spiegato il problema: aveva una lezione privata di matematica in questa fascia oraria ed era molto difficile spostarla. Giovedì notte ? Aveva la sua lezione di storia privata. Venerdì ? Filosofia. In totale, ha preso lezioni private in cinque diverse discipline, che non tutte le hanno insegnato molto, ma l'hanno rassicurata così tanto che farne a meno le sembrava impossibile. Ho affrontato questo argomento con i miei studenti e ho scoperto che il suo caso non era raro.

In generale, i genitori che hanno soldi sembrano disposti a pagare lezioni private ai propri figli senza alcun limite reale, per mancanza di tempo per aiutarli da soli, per non poter continuare ad aiutarli direttamente quando le materie si fanno più tecniche e perché non sempre è facile far lavorare i propri figli, diventati adolescenti e facilmente ribelli. Certo, i "piccoli corsi" non possono fare tutto, soprattutto quando si tratta di colmare vecchie lacune. Un collega mi ha detto di uno studente: "I l'impressione di non capire cosa sia un numero. Allo stesso modo, dopo anni di lavoro e vari esercizi, alcuni continuano ad andare fuori tema e a rispondere a margine. Aumentando le dosi cambierebbe qualcosa?

Inoltre, il carico di lavoro che può essere imposto ai bambini piccoli è limitato. Ricordo le parole di un padre che voleva convincermi che sua figlia doveva passare dalla seconda alla prima ES nonostante i risultati insufficienti: "E se lavora tutta l'estate parecchie ore al giorno? Non può passare dal 20/8 al 20/10? Sì, ma a che prezzo? Riuscirà uno studente che ha passato l'estate chinato sui libri a proseguire l'anno successivo? Non rifiuterà la scuola? "Ho lavorato come un matto per ottenere il tirocinio medico e so che il lavoro paga", ha aggiunto. Come se le due situazioni fossero paragonabili!

Dobbiamo quindi diffidare dall'idea che le lezioni private siano un investimento che possiamo accumulare senza limiti se abbiamo i mezzi finanziari per farlo. I risultati non sono proporzionali alla quantità di corsi. L'efficacia degli straordinari, come quella di tutti gli investimenti, è soggetta alla legge dei rendimenti decrescenti: diminuisce all'aumentare del volume.

Una volta fatte queste riserve, bisogna riconoscere che le lezioni private sono davvero efficaci. Si svolgono al ritmo dello studente, costretto a una certa attenzione. Lo studente è più spesso attivo, mentre è difficile coinvolgere un'intera classe. Il tutoraggio privato può anche ridare fiducia a uno studente che ha avuto voti bassi o che si sente come se non capisse, dandogli la possibilità di fare domande senza timore di essere preso per scemo. Lo ammetto, a volte provo una certa angoscia quando studenti noti per le loro interpretazioni errate alzano la mano per fare una domanda in classe. Mi sento come il portiere al momento del rigore, chiedendosi in che direzione andrà. Nelle lezioni private è sufficiente che l'insegnante sia positivo,

Infine, c'è il caso dello studente confrontato con un insegnante che fallisce. Sono in una buona posizione per sapere che esiste. Consiglio di classe terminale, in un buon liceo pubblico: lì il professore di filosofia è noto per assopirsi a volte in classe, prepararsi poco per le lezioni, iniziare tardi le lezioni e finirle presto. Gli scontri con i rappresentanti dei genitori e degli studenti durante le riunioni del consiglio sono piuttosto frequenti. Lo trovi normale? Imbarazzo generale. il

preside difende fiaccamente l'insegnante, che sembra indifferente e disegna diligentemente sul foglio che riporta i voti degli studenti. Intanto mi chiedo come stiano i quattordici studenti che non seguono lezioni extra...

Anche le organizzazioni private scivolano rapidamente nelle scappatoie. In una classe preparatoria in un prestigioso liceo parigino, gli studenti hanno sfidato le capacità di un insegnante e hanno iniziato ad abbandonare le sue lezioni. In poche settimane, una società di tutoraggio ha istituito un corso nella stessa materia e negli stessi orari, provocando un imbarazzante assenteismo degli studenti, che non avevano alcuna intenzione di pregiudicare le loro possibilità nei concorsi. Il problema è stato risolto "esfiltrando" discretamente l'insegnante in questione.

"Un bambino in difficoltà è un bambino ignorante... i suoi punti di forza"

"Il sostegno scolastico ha ancora davanti a sé un brillante futuro: crescente popolazione di 6-19 anni, crescente ansia tra genitori e studenti di fronte all'aumento della disoccupazione, paura del declassamento, sfiducia nel sistema scolastico. "Non sono io a dirlo, ma Xerfi [2], specialista riconosciuto in ricerche di mercato, che dedica 185 pagine allo studio del mercato del tutoring, stimato tra 1,5 miliardi e 2 miliardi di euro all'anno. Xerfi ritiene inoltre che questo mercato sia sotto- sfruttati.

Eppure è già il più grande dell'Unione europea. Nell'indagine del 2009 sui risultati degli studenti, l'OCSE ha posto una domanda sul tutoraggio. Sembra che questo sostegno sia particolarmente sviluppato nei paesi asiatici, a causa dell'intensa pressione scolastica, e nell'Europa orientale, a causa del degrado del sistema scolastico. La Francia è appena dietro a questi due gruppi di paesi, probabilmente per un misto di queste due cause. Un quarto dei quindicenni segue lezioni di sostegno nella propria lingua madre in Francia, rispetto ai due terzi in Corea... ma solo uno su dodici in Finlandia. In matematica il contrasto è ancora maggiore, perché è la materia più selettiva in Francia: il 38% degli studenti segue corsi di sostegno, contro solo il 10% in Finlandia.

Secondo il sociologo Jean-Paul Caille, uno studente

su dieci del sesto anno beneficia di tutoraggio retribuito [3]. Non sono i dirigenti a utilizzare più frequentemente il tutoraggio in prima media, ma gli imprenditori, le libere professioni e gli artigiani, i commercianti.

In totale, il tutoraggio retribuito è stimato in 40 milioni di ore di lezione annue da parte del Center for Strategic Analysis [4], ovvero un budget medio per i genitori di 1.500 euro all'anno per 40 ore di sostegno, l'ora di lezione viene fatturata in media 36,50 euro. Le aziende del settore rappresentano solo circa 5 milioni di ore, ovvero il 12,5% delle ore erogate, il resto essendo essenzialmente lavoro sommerso svolto da docenti e studenti. La quota delle imprese è calata negli ultimi anni, forse per l'aumento di tasse e contributi, che ha interessato tutti i servizi alla persona. Queste aziende sono poche, Acadomia e Complétude sono le più importanti.

Per svilupparsi, suscitano il sentimento di insicurezza scolastica: la scuola pubblica è mal organizzata, rigida, non capisce tuo figlio. Un bell'esempio è stato dato dalla campagna pubblicitaria lanciata da Acadomia nell'autunno del 2013: in grassetto, "Un bambino in difficoltà è un bambino ignorante", poi, in caratteri pallidi, "...i suoi punti di forza". Il primo livello di lettura di questo slogan è che l'inserzionista ha voluto scioccare con l'affermazione iniziale, per attirare l'attenzione, prima di sottolineare la capacità di Acadomia di trovare ed evidenziare i punti di forza dell'alunno. Ma c'è un secondo livello di lettura: lo slogan suggerisce che la scuola ignora i punti di forza dei bambini, quindi le loro difficoltà. È tanto più efficace perché in parte è vero. Sappiamo che la nostra scuola valuta certe attitudini e abilità più di altre e che è molto difficile pesare tutto su ogni individuo in un gruppo di trenta studenti. Sappiamo anche che è selettiva, presta poca attenzione all'individualità di ogni persona... il che non significa che lo staff di Acadomia faccia meglio.

In un sistema competitivo, il tutoraggio mira a dare un vantaggio a tuo figlio. Questa logica porta inevitabilmente ad un processo inflazionistico: se anche i figli degli altri hanno appoggio in terminale, i miei devono avere appoggio dal secondo per andare avanti. E se la maggioranza riceve sostegno in seconda, devo iniziare prima. Questo meccanismo folle fa molta strada, poiché il gruppo Methodia offre tutoraggio dal corso preparatorio, in particolare aiuto con i compiti (ricordiamo che i compiti sono vietati nella scuola primaria). Non possiamo fare di meglio.

Infatti sì: le "miniscuole" offrono attività, in particolare l'apprendimento dell'inglese, dalla scuola dell'infanzia. Queste iniziative incontrano il sostegno dei genitori, condizionati dall'idea che il bambino debba essere sostenuto, praticamente dalla culla: "Non basta accompagnare tuo figlio a scuola, è consigliatissimo monitorare i suoi progressi scolastici. . Grazie a Internet , i siti dedicati al sostegno scolastico sono in costante miglioramento per facilitare il compito dei genitori. [...] Avrai così a disposizione schede di sostegno scolastico comprensive di esercitazioni pratiche e lezioni [5.]

L'obiettivo è "riuscire all'asilo"! Internet per i fogli di tutoraggio per i loro bambini di quattro o cinque anni la dice lunga sull'atteggiamento della nostra società nei confronti della scuola, dello stress dei genitori e della paura per il futuro.

Interpellato da Mediapart, un dirigente scolastico di Belleville riassume quanto sta accadendo alla grande:

C'è una tensione straordinaria tra i tutori, a cominciare dall'asilo. È fantastico. Dovrebbe essere collegato con l'emergenza monetaria. Le famiglie devono iscrivere il loro bambino un anno prima dell'età media. Si assicurano che il loro bambino sia immacolato! Un capo locale ha visto un padre singhiozzare perché la sua ragazza fosse un anno prima del previsto, nel caso in cui un giorno avesse avuto bisogno di rivedere un voto. Vediamo giovani esagerati e troppo investiti. Chi porta un fardello troppo pesante6.

Vista da un altro punto di vista, questa tensione è un'impressionante spinta principale dietro l'utilizzo del coaching. Durante la pausa mattutina, due ragazzini non si sono ricordati della mia presenza e stanno visitando discretamente a un paio di metri dal posto di lavoro. Una, una sostituta un po' decente e alla quale avrei dato il gran dio senza ammissione, chiarisce alla sua compagna che doveva guardare la posta, prendere la pagella, filtrarla, cambiare voto e apprezzamento, stamparla e restituirlo in una busta alla luce del fatto che comunque "[sua] madre sarebbe andata fuori di testa vedendo la nota numerica. [Sarebbe] stata sequestrata per un bel po' di tempo".

Poco prima di ogni test, Cécile mi invia un'e-mail che mescola domande sul corso e commenti negativi ("Sento che bombarderò questo test"). Scoprendo che il suo orale in francese chiaro con un temuto insegnante è stato anticipato di qualche ora, Hermine vomiterà nel cesso. Maxence, in preda al panico, imbroglia copiando alla meglio una chiave di risposta presa da Internet utilizzando il suo laptop nascosto nel suo kit (dettaglio fastidioso: la chiave di risposta risponde a un altro argomento). Martedì Liza sviene e deve essere portata in infermeria. Ha bevuto un quarto di rum, tanto per affrontare più serenamente la giornata di lezione.

Coaching, servizio di fascia alta

Oltre al tutoraggio, si sta sviluppando il coaching. Consiste in particolare nel far riflettere gli alunni sul loro rapporto con la scuola, sui loro metodi di lavoro, sottoporli a test di orientamento e aiutarli nei passi da compiere, in particolare per accedere all'istruzione superiore. Ricevo quindi regolarmente messaggi di coach che mi spiegano come completare le pratiche dei loro clienti che desiderano iscriversi ad università estere. Un allenatore particolarmente goffo si è persino offerto di scrivere una lettera di raccomandazione per me ("basta firmare") per uno dei miei studenti dell'ultimo anno!

Il coaching è generalmente concepito come un servizio di fascia alta, come suggerisce il nome preso in prestito dal mondo delle grandi imprese e dei dirigenti. In questo ambiente, infatti, i servizi di un coach servono per riflettere sul proprio progetto di carriera, affrontare con più sicurezza un nuovo incarico o superare temporanee difficoltà professionali. Per analogia, il coaching scolastico deve aiutare lo studente a riflettere sul suo orientamento, le sue pratiche, la sua motivazione e a disegnare un percorso scolastico in linea con la sua personalità. Si tratta quindi di un lavoro di ascolto e scambio che i genitori stentano a fare da soli.

I prezzi vanno di pari passo con questo profilo top di gamma: due sessioni di test e una sessione di coaching individuale sono offerte a partire da 450 euro tasse incluse da Ionis-tutoring.fr. Objectif Postbac addebita la sessione 95 euro all'ora... che non è costoso, rispetto ad altre attività, spiega l'azienda sul suo sito:

A titolo di confronto, alcuni prezzi: voice coaching (studio Lorenzo Pancino): 200 i/h; seduta makeover (istituto di bellezza in provincia): i245 per un pomeriggio; consulenza di psicoterapia comportamentale (Paris 13): 150 i per H h, con 20 sedute in media; corso di volo per la licenza di pilota privato (Aéro-Club de l'Ouest parisien): 164 i/h, con un minimo di 40 ore; lezione privata di kitesurf (Hérault): 180 i/h.

È un punto di vista. Questo elenco di attività chiarisce a quale pubblico si rivolge. Apprezzeremo inoltre che la sezione "Quanto costa il coaching con OPB" sia illustrata da una foto di una carta American Express Centurion, riservata ai clienti che spendono almeno 150.000 euro l'anno.

Il punto di forza del coaching è il test della personalità. Molti studenti sono indecisi sul loro orientamento. Tuttavia, viene chiesto loro di sapere molto presto e con molta precisione cosa vogliono fare e di orientarsi in una gamma in continua espansione di corsi di formazione. Negli orali di molti concorsi, a partire dal diploma di maturità, viene chiesto al candidato quale sia il suo progetto di studio, anche professionale, la cui coerenza la giuria apprezza con gli studi perseguiti. Molti giovani di diciassette o diciotto anni, senza esperienza del mondo del lavoro, non ne hanno idea. Superano quindi i test di orientamento, nell'attesa che il mentore dica loro: "Ho esaminato il tuo carattere, le tue capacità ed ecco la preparazione che fa per te. Questa fiducia è chiaramente sfiduciata. Tuttavia, l'istruzione può aiutare i ragazzi da basi speciali. Per lo più provenienti dal mondo delle imprese e convinti di avere strumenti preferibili rispetto alla Pubblica Formazione, i mentor convincono ancor più efficacemente i leader, a conoscenza di questa capacità.Non è quindi inaspettato che il 70% dei tutori di understudies formati siano dirigenti d'azienda.7 .

Come può essere ovvio, essere un sostituto di François Quesnay non è sempre facile. La tensione arriva da tutte le parti: tutori, istruttori, studenti stessi, che hanno l' impegno di avere successo. È gigantesco, a volte insopportabile.

In nessun'altra scuola avevo visto così innumerevoli disturbi mentali legati alla scuola. Anche agli studenti delle classi preliminari vengono offerti incontri di sofrologia. Forzatamente delle condizioni, lo stress si trasforma in un mercato considerevole. Le soluzioni offerte spaziano dalla sofrologia all'omeopatia, passando per l'agoterapia e l'incantesimo curativo. Dopo essere stati ridisegnati, pronti, addestrati, ecco i nostri sostituti demotivati.

Il ruolo delle agevolazioni fiscali

Dal 2005 le spese relative al tutoraggio beneficiano di una riduzione fiscale pari al 50% dell'importo effettivamente erogato. Nel 2007 è stato aggiunto un credito d'imposta di pari entità, per non penalizzare le famiglie non soggette a tassazione. Lo scopo di tale disposizione è promuovere i servizi alla persona, e quindi l'occupazione, e ridurre il lavoro sommerso. La detrazione è limitata. Notevolmente aumentato negli anni 2000, questo massimale va da 12.000 a 15.000 euro a seconda del numero di bambini, il che consente di pagare molte ore di sostegno. Anche questo vantaggio fa parte delle scappatoie fiscali, il cui importo totale è limitato.

L'agevolazione fiscale gioca un ruolo essenziale per il successo delle società di tutoring, il cui modello economico è grossomodo il seguente: fanno pagare 36,50 euro per un'ora di lezione e pagano al dipendente circa 15 euro, a cui si aggiungono i contributi sociali. Il costo salariale per l'azienda è di circa 27 euro. Il margine di 9,50 euro serve per remunerare i dipendenti a tempo indeterminato, pagare gli uffici, ecc. Quello che resta agli azionisti è quindi poco importante. Per ammortizzare la loro struttura e monetizzare il loro know-how, queste aziende si stanno lanciando anche in servizi accessori (assistenza all'infanzia, per esempio). La loro sopravvivenza sarebbe compromessa se venisse meno il vantaggio fiscale. Per i genitori il costo orario è di 18,25 euro al netto del beneficio fiscale. Le alternative: andare da un libero professionista, pagato in buoni lavoro, che costeranno un po' meno, per l'assenza di una struttura da pagare, o che verranno pagati non dichiarati. In questo caso il prestatore di servizi non paga gli oneri sociali né il CSG (contributo sociale generalizzato) e può quindi guadagnare un po' di più, anche se i genitori perdono il vantaggio fiscale. Un insegnante abilitato che fa un'ora in più di lezione viene pagato circa 37 euro (lordi, ma le rette sono molto basse sugli straordinari), un agrégé, 52 euro, un insegnante in una classe propedeutica da 71 a 121 euro, a seconda dei casi . . È quindi molto difficile per le società di tutoring assumere il prestatore di servizi non paga né gli oneri sociali né il CSG (contributo sociale generalizzato) e può quindi guadagnare un po' di più, anche se i genitori perdono il vantaggio fiscale. Un insegnante abilitato che fa un'ora in più di lezione viene pagato circa 37 euro (lordi, ma le rette sono molto basse sugli straordinari), un agrégé, 52 euro, un insegnante in una classe propedeutica da 71 a 121 euro, a seconda dei casi . . È quindi molto difficile per le società di tutoring assumere il prestatore di servizi non paga né gli oneri sociali né il CSG (contributo sociale generalizzato) e può quindi guadagnare un po' di più, anche se i genitori perdono il vantaggio fiscale. Un insegnante abilitato che fa un'ora in più di lezione viene pagato circa 37 euro (lordi, ma le rette sono molto basse sugli straordinari), un agrégé, 52 euro, un insegnante in una classe propedeutica da 71 a 121 euro, a seconda dei casi . . È quindi molto difficile per le aziende di tutoraggio assumere un insegnante di classe propedeutica da 71 a 121 euro, a seconda dei casi. È quindi molto difficile per le aziende di tutoraggio assumere un insegnante di classe propedeutica da 71 a 121 euro, a seconda dei casi. È quindi molto difficile per le aziende di tutoraggio assumere professionisti qualificati. Al Lycée Quesnay, le tariffe vanno dai 40 ai 60 euro per ora non dichiarata. Le società di tutoring si avvalgono quindi principalmente dei servizi di studenti undergraduate o master 1.

Non si può quindi dire che la tassazione abbia creato il mercato del tutoraggio. Tutt'al più ha consentito il successo di poche imprese specializzate, in un mercato fino ad allora ristretto e poco regolamentato. Ha reso il tutoraggio più accessibile per le famiglie a basso reddito? Si potrebbe pensare di sì, perché le aziende sono facilmente raggiungibili per chi non ha contatti personali tra studenti avanzati o docenti. L'agevolazione fiscale abbassa anche un po' i prezzi, a patto di rinunciare ad assumere un insegnante qualificato.

Questa accessibilità al sostegno è particolarmente importante per gli studenti più giovani. In prima media, secondo lo studio di Jean-Paul Caille, la domanda di tutoraggio riguarda i più deboli, spesso di modeste origini. La capacità dei genitori di aiutare i figli è decisiva. Sono quindi gli insegnanti che lo usano di meno e gli immigrati lo usano molto di più rispetto alla media, anche a parità di livello scolastico. I più ricchi fanno molto più uso del tutoraggio. Ma, poi, i più poveri vi ricorrono un po' più dei ceti medi. Questo può essere visto come un riflesso della preoccupazione delle famiglie poco attrezzate per gestire le difficoltà scolastiche dei propri figli e l'incidenza delle difficoltà più frequenti. L'idea del tutoraggio riservato ai ricchi è quindi falsa. Tuttavia, ciò che è vero in prima media non è vero a tutti i livelli. Per quanto riguarda gli studenti delle scuole superiori e, soprattutto, il coaching, l'influenza del reddito è essenziale.

Il vantaggio fiscale non è unanime. Un emendamento alla finanziaria 2010 lo aveva fatto sparire. Successivamente è stato ripristinato, sotto la pressione del governo. Una volta al potere, la sinistra, che aveva votato contro il ripristino del vantaggio fiscale, finora non l'ha messa in discussione. Il sostegno scolastico beneficiava anche di contributi previdenziali forfetari, dichiarati come se il dipendente percepisse il salario minimo. L'abolizione di questo vantaggio nel 2013 ha reso le lezioni private più costose di circa due euro l'ora.

L'argomentazione degli oppositori del vantaggio fiscale dato al tutoraggio è palese: costa 300 milioni di euro l'anno, principalmente a vantaggio delle società più privilegiate e di tutoraggio. Cosa disse nel 2009 il deputato dell'UMP Lionel Tardy: "Il credito d'imposta, cioè il denaro pubblico, serve essenzialmente per gonfiare i profitti di queste società private. Questo aiuto fiscale non ha portato a riduzioni di prezzo per le famiglie né a generare un'offerta di alta qualità [8]. Si comprende anche l'argomentazione dei sostenitori di questo vantaggio: si tratta di professionalizzare questa attività e farla uscire dall'illegalità, a vantaggio della Previdenza Sociale. Rilevano inoltre che il gettito contributivo indotto compensa in parte il costo dell'agevolazione fiscale. Insomma, pensavo di poter dimostrare che la scappatoia fiscale creata dallo Stato aveva fatto prosperare un mercato di tutoraggio per i più privilegiati. La realtà è molto più sfumata.

Law and Sciences Po giocano a nascondino con il settore privato

Il tutoraggio si svolge anche dopo il diploma di maturità. Il modello degli studi medici, presentato nell'introduzione, si è esteso ad altri campi. Molte aziende private offrono corsi, tirocini e finti esami di diritto, oltre ai corsi offerti dall'università. Come in medicina, questi preparati sono adattati alle specificità di ogni università. L'accento è spesso posto sulle università più rinomate e selettive, come Parigi-II e Aix-en-Provence. Come in medicina, la pubblicità di queste preparazioni inizia mettendo sotto stress lo studente e la sua famiglia ("il 72% degli studenti ripete il primo anno"), prima di vendere loro vari servizi.

Perché la legge? Perché è, con la medicina, l'unico campo in cui l'università non è (o poco) sfidata dalle grandi scuole. Attrae quindi, in numero maggiore rispetto ad altri corsi, studenti provenienti da ambienti facoltosi che sono disposti a investire nei loro studi. Il 36% degli studenti di giurisprudenza ha genitori dirigenti, contro il 25% degli studenti di economia, ad esempio. Esiste quindi una domanda solvibile. Inoltre, le facoltà di giurisprudenza soffrono delle stesse carenze della medicina, se non peggio:

supervisione degli studenti molto debole, anno molto breve, carichi di lavoro mal distribuiti, esami mal organizzati, impossibilità di porre domande o tornare su un aspetto del corso apre un vero e proprio viale per il tutoraggio.

Da parte sua, l'Istituto di studi politici di Parigi (meglio conosciuto con il marchio Sciences Po Paris) recluta la maggior parte dei suoi studenti dopo il diploma di maturità. Data la selettività del concorso (la maggior parte dei candidati sono bravi studenti, ma solo uno su dieci è ammesso), negli anni si sono sviluppati corsi propedeutici, pubblici e privati. Sciences Po ha deplorato questo sviluppo, perché sempre più candidati stavano facendo un anno preparatorio prima di entrare nell'anno preparatorio di Sciences Po, in gran parte dedicato alle basi e alle conferenze sul metodo. Infine, nel 2010, l'istituto ha deciso di riservare il concorso ai diplomati dell'anno, per evitare questo passaggio attraverso la preparazione [9].

Poiché il concorso si svolge a settembre, i prépas offrono anche stage estivi. Sciences Po ha quindi rinviato il concorso a giugno... e gli studenti propedeutici hanno offerto tirocini durante le vacanze brevi. Infine, nel 2013, il concorso è stato anticipato a marzo dell'ultimo anno, il che facilita le procedure di orientamento ei corsi propedeutici sono ora rivolti agli studenti del primo anno, senza trascurare tirocini e corsi dell'ultimo anno. Qualunque sia la data del concorso, poiché c'è una domanda, ci sarà un'offerta.

Perché la preparazione per le competizioni è l'area più dinamica del tutoraggio. Un ente specializzato come IPESUP ha notevolmente ampliato la propria offerta. Prepara al diploma superiore di ragioneria generale (DSCG), che porta poi a dottore commercialista, paralleli esami di ammissione alle business school, esami di ammissione a Sciences Po, a livello triennale e magistrale, esami di ammissione all'ENA (Scuola Nazionale dell'Amministrazione) e Istituti Regionali dell'Amministrazione, CELSA (Scuola Superiore di Scienze dell'Informazione e della Comunicazione) e Scuole di Giornalismo, Esami di ammissione alle Scuole di Ingegneria, Business School e Scuole di Ingegneria post-diploma. Sicuramente ne dimentico qualcuno. ISTH aggiunge l'Ecole du Louvre e una dozzina di concorsi amministrativi. Senza voler apparire sprezzanti nei confronti di questi corpi di dipendenti pubblici, va ricordato che un ispettore fiscale inizia la sua carriera intorno ai 1.450 euro netti al mese compresi i bonus e un assistente infermieristico intorno al minimo salariale. Che ci siano preparativi privati a pagamento per questi concorsi dimostra che nessuno sfugge al fenomeno, a patto che porti all'occupazione.

Certo, è perché c'è la domanda, alimentata dall'altissimo livello di disoccupazione, che l'offerta prospera. Ma l'offerta crea anche domanda. Come abbiamo visto in relazione alla medicina, la cosa principale in una competizione è essere i più preparati. Il fatto che alcuni candidati ricorrano a un'ulteriore preparazione privata costringe virtualmente gli altri a mettersi in riga.

In quale settore è possibile, in Francia, avviare

una start-up appena terminati gli studi e realizzare un fatturato di due milioni di euro cinque anni dopo? In preparazione alle gare. Cap enseignement supérieur, istituito da due laureati in economia, è un bell'esempio di un successo clamoroso. L'organizzazione offre costi educativi a domicilio e corsi di audit prima dei test di selezione a scuole di progettazione, business college, Sciences Po e così via.

Uno dei problemi è rintracciare allenatori con capacità all'avanguardia e ipotesi di compensazione discrete. Cap enseignement supérieur successivamente arruola sostituti che completano la loro attività o scuola di design e offre loro un compenso più alto rispetto al normale mercato (30 euro netti ogni ora per le illustrazioni domestiche). Questi giovani che non si sono ancora laureati spesso hanno bisogno di soldi (soprattutto all'università di economia!) e realizzano bene i concorsi. Secondo i sostituti, sono sostenibili.

I corsi si pagano intorno ai 60 euro l'ora, una spesa da ripartire grazie alla diminuzione del dazio. I corsi si presentano sontuosi: il luogo di correzione reso accessibile agli studenti è perfettamente adattato a questo periodo vitale: il castello di Méridon, un palazzo del XIX secolo in un parco di sette ettari, nel cuore del bosco di Chevreuse. . Gli studenti traggono vantaggio dalla "prontezza mentale alla luce delle basi del lavoro di base per rivalità di alto livello. Questo piano d'azione è ovviamente efficace.

Internet: aiutare o imbrogliare?

Molti studenti vorrebbero che qualcuno facesse loro i compiti. Non è molto morale, ma è umano. Ma la bellezza dell'economia di mercato sta nel fatto che, quando c'è domanda, l' offerta non tarda a manifestarsi. Nasce nel 2009, online, con il nome esplicito di fairemesdevoirs.com. Lanciato da un laureato in economia, questo sito presentato dal suo fondatore come vendita di "consigli strategici" offriva di fare tutti i tipi di compiti, dall'università all'istruzione superiore, in sette diverse discipline. Lo studente ha digitato il titolo o ha scansionato l'argomento e ha ricevuto il compito da uno a tre giorni dopo. Il trucco del sito risiedeva soprattutto nella modalità di pagamento: SMS e audiotel a pagamento permettevano ai giovani, anche giovanissimi, non muniti di carta bancaria, di acquistare un incarico senza avvisare i genitori. [10] » [sic]. Il team "desidera garantire che le generazioni future siano migliori di quelle precedenti e fairemesdevoirs.com non potrà contribuire in alcun modo a questo". Fine dell'avventura per l'abile imprenditore, andato ad esercitare le sue doti in altri ambiti.

Solo che, nella massima discrezione, altri siti dello stesso tipo sono stati creati successivamente. Ad esempio, expertdevoirs.com offre di svolgere qualsiasi tipo di incarico, in varie materie, dalla tesina alla traduzione, per la modica cifra di 18,99 euro a pagina. Studenti e insegnanti collaborano e forniscono le risposte. Gli studenti di François

Quesnay sono ovviamente clienti ideali. Infatti... Sorpresa dalla qualità di certi compiti a casa, un'insegnante di filosofia ha investito nell'acquisto di un tema sull'argomento che aveva dato ai suoi studenti. Tuttavia, il sito riporta i nomi delle persone che hanno acquistato la stessa materia: i suoi studenti. Atmosfera garantita il giorno della consegna delle copie...

Ancora più sorprendente, il sito ufficiale che gestisce i servizi per il lavoro trasmette offerte di lavoro dal sito femontaf.com (apprezzeremo la sottigliezza di questo nome di dominio). In particolare, gli insegnanti sono invitati a fare i compiti, la remunerazione dipende dal voto ottenuto dallo studente (www.emploi.services.fr/faismes-devoirs-femontaf). Tra il settore pubblico morale e il sostegno all'occupazione, i servizi statali sono chiaramente un po' persi.

Una formula leggermente diversa è la vendita di compiti completati, che vengono aggregati in una biblioteca di saggi, fogli di lettura, presentazioni e dissertazioni che vengono rivendute ad altri studenti. Si rivolge principalmente all'istruzione superiore. Siti come oboulo.com, AcaDemon.fr o touslesdocs.com acquistano i compiti, con i fornitori che ricevono il 50% del fatturato generato dalla vendita dei loro compiti. Così, su AcaDemon, una presentazione sui "paesi emergenti" costa 5,95 euro (garantita senza plagio!), un TPE [11] su "Lo studio della radiazione elettromagnetica dalla macchina di Wimshurst", 8,95 euro. Sono presenti tesi di laurea in giurisprudenza ma anche analisi di opere letterarie o verbali di revisione aziendale di una quarantina di pagine.

Questi siti lanciano un segnale detestabile a alunni e studenti: tutto si può comprare, barare non è un problema. Gli studenti, inoltre, hanno subito compreso le nuove regole del gioco e si sono scambiati consigli sui forum online: "Chi ha già venduto su un sito del genere? ", "Ho un libro di memorie e tanti fogli di lettura da vendere: dove guadagnerò di più? ", ecc . Questa pratica pone un serio problema di equità nella valutazione degli studenti. Molte istituzioni hanno acquistato software per rilevare il plagio. In molte università, il rapporto di analisi che dimostra che la quota dei prestiti è inferiore al 10% o al 15% del il testo deve essere allegato alla tesi prima della discussione.

Tuttavia, questi programmi non sono una panacea. Certamente, confrontano il testo con quanto disponibile su Internet e nella banca dati dell'istituzione. Ma rimane abbastanza facile ingannarli, ad esempio sostituendo gli spazi con spazi vuoti di altri font o certe parole strategiche con sinonimi. Infine, il software funziona solo in una lingua. È quindi sempre possibile ottenere un compito scritto in un'altra lingua e farlo tradurre al computer (verificando poi molto seriamente la traduzione!). Nell'era digitale, il traffico dei compiti ha davanti a sé un brillante futuro.

Le possibilità di acquisto di aiuti per avere successo a scuola sono quindi infinite. Certo, le lezioni private non trasformano lo studente mediocre e pigro in un animale competitivo. Ma questi supporti possono fare la differenza, soprattutto quando pochi decimi di punto separano il successo dal fallimento. La loro proliferazione rivela le carenze della scuola pubblica, l'ingegnosità dell'iniziativa privata e l'inasprimento della concorrenza scolastica.

I genitori sono prigionieri di questa logica infernale: come potrebbero rifiutare questo aiuto ai propri figli se hanno i mezzi per offrirglielo? Una volta firmato l'assegno, hanno fatto quello che potevano, hanno usato la loro posizione finanziaria privilegiata a beneficio dei figli. Questo è comprensibile e ovviamente non possiamo biasimarli. Sono tanto più disposti a farlo in quanto la massificazione delle scuole superiori ha ridotto il vantaggio di cui godevano in passato i bambini provenienti da ambienti privilegiati.

Resta la stragrande maggioranza, quelli che, con la migliore volontà del mondo, non possono finanziare questi corsi e questi corsi aggiuntivi, che i loro figli non oserebbe nemmeno chiedere.

Capitolo 3 Note

1. Annuncio di Academia, campagna 2013.

2. XERFI, "Il mercato del sostegno scolastico", 2011.

3. John Paul C.AIL, "Lezioni private nella prima media: un sesto su dieci riceve un tutoraggio retribuito", Éducation & formaziones, n ^{oh} 79, 2010.

4. CAS, Nota di analisi, non ^{oh} 315, gennaio 2013.

5. SCOLARAMA, "Come aiutarlo ad avere successo all'asilo".

6. Michael HAJDENBERG, "Mappa della scuola: "Ho dovuto scegliere tra mio figlio e i miei principi"",

Mediapart, 5 luglio 2014.

7. Anne-Claudine OLLER, "Il coaching scolastico in Francia. Nascita di un nuovo mercato educativo",

Educazione comparata, non ^{oh} 6, 2011, p. 181-202.

8. Intervento davanti all'Assemblea nazionale, 13 novembre 2009.

9. L'ingresso al bac+1 resta possibile nella maggior parte delle provinciali di Scienze Po. Il cambiamento deciso dall'IEP di Parigi ha deluso anche alcuni hypokhâgnes pubblici, che lottavano contro l'erosione della forza lavoro offrendo preparazione per Sciences Po.

10. "Faimesdevoirs.com sta già chiudendo i battenti", *Release*, 7 marzo 2009.

11. Lavoro personale supervisionato, conteggio dei test per il diploma di maturità, composto da una produzione e una difesa orale.

4

La scoperta del mondo

"Probabilmente un milione di bambini sono nati da coppie Erasmus dal 1987 [1].»

P perché tanti studenti in difficoltà in storia o in matematica ottengono una media generale onorevole alla François Quesnay? Perché sono bravi nelle lingue. E sono bravi nelle lingue perché le loro famiglie stanno bene.

Daniel cerca di impressionarmi lanciandosi in una faticosa conversazione in inglese con suo figlio di cinque anni. Quando era in preparazione, aveva perso le migliori scuole a causa dell'inglese. E, poiché l'azienda dove lavora è stata acquistata da un gruppo americano, subisce il martirio durante le riunioni. Così ha preso l'inglese e ha deciso che suo figlio sarebbe stato bilingue. Per il momento, questo è all'asilo di Beautiful Minds, una scuola Montessori di Courbevoie che è rovinosa per i suoi genitori, ma che è davvero bella. Successivamente, sarà l'American College of Paris il sabato e i corsi di lingua durante le vacanze. Perché non è alla scuola della Repubblica che si impara a parlare inglese. Il livello medio è uno dei peggiori d'Europa e si sta deteriorando.

In un'economia globalizzata, la conoscenza delle lingue moderne assume necessariamente importanza. La lingua di Shakespeare occupa un posto speciale da questo punto di vista: le riunioni di direzione di alcune grandi società francesi si svolgono solo in inglese, lingua che a volte è quella della maggioranza degli azionisti; Le riviste scientifiche francesi sono pubblicate in inglese, perché i ricercatori vogliono essere letti e citati; i corsi in alcune scuole sono in inglese, per attrarre studenti stranieri e preparare gli studenti francesi per gli affari. Al di fuori della Francia, l'inglese è onnipresente, sia nelle industrie culturali, sia negli affari o nelle istituzioni.

internazionale. Il programma Erasmus, che dovrebbe aumentare la varietà degli scambi linguistici, non usa l'inglese come lingua di lavoro in due terzi dei casi? L'unica zona che resiste è l'università francese.

La legge Toubon del 1994 proibiva i corsi di inglese negli istituti pubblici e privati, tranne quando l'oratore era straniero. Non è sempre stata rispettata. Il suo effetto è stato limitato nelle business school, i cui docenti sono per lo più stranieri (due terzi, nel caso di HEC – École des Hautes Etudes Commerciales), o nelle scuole di ingegneria (alla Centrale Paris, il 25% dei corsi scientifici e tecnici sono impartiti in inglese). Tuttavia, l'annuncio della soppressione di questa disposizione nella legge del 2013 ha suscitato clamore, in nome della difesa della lingua francese. L'Accademia di Francia ha protestato, diversi rinomati accademici hanno pubblicato forum sulla stampa. Ancora una volta è stato svelato l'abisso che separa la Francia degli affari dalla Francia accademica. Incorniciato da emendamenti parlamentari, il provvedimento è ancora approvato. Ora è legale insegnare in una lingua straniera nell'istruzione superiore in Francia. È probabile che questa possibilità venga utilizzata soprattutto a vantaggio dell'inglese.

Questo sviluppo rafforza il livello strategico del carattere della conoscenza dell'inglese, che ha acquisito importanza negli esami e nelle competizioni. Il livello di inglese è soggetto a valutazioni standardizzate, principalmente il TOEIC (Test of English for International Communication), il TOEFL (Test of English as a Foreign Language) e l'IELTS (International English Language Testing System), che sono più esigenti. Le scuole di ingegneria ora impongono un livello TOEIC minimo (generalmente un punteggio di 750). Nei test di ammissione alle scuole di ingegneria, il peso dell'inglese non è trascurabile: pesa per circa l'11% al Polytechnique così come al Centrale o al Mines. Per le business school è un po' di più: intorno al 13%, a seconda dei percorsi e dei concorsi, sanciti da uno scritto e da un orale. L'inglese infatti è ovunque, anche nei concorsi per infermiere, dal 2009, e per insegnanti di scuola, dal 2006, anche se può essere sostituito da un'altra lingua viva.

Il test di inglese è il più socialmente discriminante nei concorsi di reclutamento delle scuole di economia. Al punto che Valérie Pécresse, allora ministro dell'Istruzione superiore, destinataria di una relazione dell'ispettorato generale sulla discriminazione sociale nei concorsi, aveva stimato che sarebbe stato necessario ridurre il peso [2] e modificare la natura del test. All'ENA, dove resta decisiva la graduatoria di uscita, la prova di lingua gioca un ruolo fondamentale. E c'è una forte connessione tra il punteggio linguistico e l'inizio sociale. Come ammette un enarque: "I dialetti sono una risorsa significativa per avere un effetto in ENA, e chiaramente i vari soggiorni fonetici che la mia famiglia mi ha offerto fin dalla mia prima giovinezza hanno enormemente giocato3. »

A livello di esperti, secondo una revisione della Commissione europea, il 66% dei capi europei ritiene che la capacità in dialetti sconosciuti sia una regola significativa o vitale per l'arruolamento di laureati. Tra questi, i francesi sono i più scontenti delle capacità linguistiche delle loro reclute4. Secondo un concentrato di una società di reclutamento, solo il 15% dei capi delle risorse umane non testa i promettenti sulle loro capacità di inglese e la maggior parte lo fa dalla riunione principale. I rappresentanti conoscono queste carenze. L'inglese è anche la specialità più apprezzata nella preparazione professionale, di fronte all'auto-miglioramento e all'informatica.

Noi siamo gli stupidi

Praticamente tutti gli studenti imparano l'inglese in Francia. Nella scuola primaria, il 76% degli alunni studiava inglese nel 2000; oggi sono il 93%, a scapito del tedesco. All'università, anche se l'inglese non è obbligatorio, viene scelto come prima lingua straniera dal 95% degli alunni e chi sceglie un'altra lingua (principalmente il tedesco) prende l'inglese come seconda lingua.

Ma l'importanza di questa lezione non si riflette nei mezzi utilizzati. Durante gli anni 2000, i tempi di insegnamento delle lingue moderne sono stati ridotti nelle scuole superiori e il rendimento degli scolari francesi nelle lingue è scarso. Per la prima volta, nel 2011 è stata effettuata una valutazione internazionale delle competenze linguistiche nei paesi europei. Cinquantamila alunni sono stati testati alla fine della nona classe o equivalente su tre competenze nella prima o nella seconda lingua moderna. In Francia, le lingue valutate erano l'inglese e lo spagnolo. I risultati di questo studio comparativo sono istruttivi: per quanto riguarda le tre competenze valutate, il livello francese è ben al di sotto della media dei tredici paesi testati. [5]. Il sistema francese è solitamente criticato per non dare abbastanza spazio alla parola parlata e per dare priorità alla grammatica. È infatti nell'espressione scritta che il livello è il meno cattivo. Ma rimane significativamente inferiore a quello di altri europei. Il divario si allarga quando si passa alla comprensione della lettura e diventa abissale nella comprensione orale, meno del 15% degli alunni ha un livello soddisfacente.

Le istruzioni ufficiali del 2008 specificano che "al termine del CM2, gli alunni devono aver acquisito le competenze necessarie per la comunicazione elementare definita dal livello A1". Il Ministero pone quindi come obiettivo al termine della scuola primaria un livello che non è stato ancora raggiunto da circa il 40% degli studenti delle scuole medie alla fine del terzo anno, seguendo l'abitudine di fissare obiettivi senza preoccuparsi del loro realismo. Per quanto riguarda la "base comune delle competenze" che dovrebbe fissare il livello di base richiesto a ogni studente universitario, è raggiunta solo da un quarto degli studenti, gli altri rimangono ai piedi della base.

Un altro sondaggio [6] permette un confronto, questa volta nel tempo. Alla fine della nona classe, gli alunni sono stati interrogati su varie competenze nel 2004 e nel 2010. A causa della generalizzazione dell'apprendimento delle lingue nella CM1, poi in tutta la scuola primaria nei primi anni 2000, si sarebbero dovuti verificare progressi significativi. Tuttavia, osserviamo quasi l'opposto nella comprensione orale (incontriamo più studenti con difficoltà e meno studenti bravi). Per quanto riguarda la padronanza della scrittura c'è poca evoluzione, ma aumentano i divari di livello tra gli alunni in difficoltà ei migliori.

Non discuteremo qui le ragioni di questo scarso rendimento, che non sono certo imputabili alla sola scuola. Ad esempio, il fatto che i film e le serie americane vengano trasmessi nella loro versione originale in molti paesi gioca un ruolo importante. Ma va notato che si è allargato il divario tra i risultati degli enti pubblici e quelli degli enti privati, a vantaggio di questi ultimi . Ciò è dovuto principalmente al crollo delle competenze linguistiche nell'istruzione prioritaria. Tuttavia, se c'è un settore in cui il livello medio della scuola influenza il progresso degli alunni, è quello delle lingue, poiché l'insegnamento si basa in gran parte sulla discussione in classe. Il modo in cui l'apprendimento dell'inglese è stato introdotto nell'istruzione primaria spiega in parte la disparità di rendimento.

I genitori sono ben consapevoli del fatto che l'insegnamento delle lingue non raggiunge gli obiettivi prefissati e dell'importanza delle competenze linguistiche. Tanto più che, nella loro vita professionale, gli adulti soffrono spesso delle proprie difficoltà nell'esprimersi in inglese e sottovalutano il proprio livello, come dimostrano diversi sondaggi. Cercheranno quindi al di fuori della scuola i mezzi per dare ai propri figli un buon livello di lingue, in particolare in inglese.

Le lingue sono più facili da imparare quando si è giovani, specialmente la pronuncia. "La nostra scuola offre un ambiente bilingue e fornisce ai bambini due lingue in ogni classe ogni giorno", specifica il file di presentazione di Beautiful Minds, scuole Montessori operanti a Courbevoie e Puteaux, nella regione parigina. I genitori desiderosi di dare fin dall'inizio la migliore formazione possibile in lingua inglese ai propri figli si rivolgono a questa scuola, che accoglie bambini dai due ai sei anni. Daniel è un ingegnere industriale. Guadagna dignitosamente, ma l'investimento è pesante: 585 euro al mese per dodici mesi. Lui e sua moglie hanno fatto questo sacrificio perché si sentono deboli in inglese e sono convinti che padroneggiare questa lingua possa fare la differenza per il loro bambino. Non sono gli unici: uno studio sul tutoraggio in prima media mostra che, quando i genitori di alunni deboli o medi acquistano il tutoraggio per il loro bambino, è generalmente in francese e matematica. Ma i genitori di studenti bravi o eccellenti investono soprattutto nel supporto in inglese [7], un materiale che è ben percepito come il modo per fare la differenza.

Meglio ancora, è possibile iscrivere tuo figlio a un college bilingue. Ci sono dieci college e licei privati bilingue a Parigi, una ventina in totale nella regione parigina. L'apprendimento generalmente inizia all'asilo. Sono spesso istituzioni non contrattuali e quindi costose.

Citiamo l'American School of Paris, con prezzi da capogiro: le tasse universitarie ammontano a 30.000 euro l'anno nelle scuole medie e superiori, a cui va aggiunto un contributo al mantenimento del campus, versato una sola volta, di 10.380 euro a figlio, tasse di iscrizione iniziali di 1.070 euro e tasse di sicurezza, riscosse dopo gli attentati dell'11 settembre 2001, di 700 euro. Questo prezzo eccezionalmente alto per la Francia è legato alle strutture, spaziose e all'avanguardia della tecnologia, ai servizi (impianti sportivi, cibo a scelta, molteplici attività artistiche), a vantaggio di un insegnamento che segue gli usi dei curricula americani.. Tuttavia, è possibile migliorare il proprio inglese fin dall'asilo, frequentando un corso settimanale per 1.280 euro all'anno.

Naturalmente, altri istituti hanno un approccio più modesto e costi inferiori, pur fornendo agli studenti un buon livello di formazione linguistica. Una delle più economiche, la scuola attiva bilingue Jeanine Manuel di Parigi, ad esempio, costa 1.800 euro a trimestre, dal sesto all'ultimo anno. C'è un supplemento per superare l'International Baccalaureate. Vale la pena fermarsi a quest'ultimo. Contrariamente a quanto potrebbe suggerire il suo nome, l'International Baccalaureate è un diploma privato, creato da una fondazione. Non sempre riconosciuto in Francia per motivi amministrativi, dà comunque accesso alle Grandes Ecoles. Molto originale, richiede la produzione di una dissertazione, uno studio critico della produzione scientifica e il lavoro in più lingue. Attualmente, 3.400 istituti in tutto il mondo si preparano, comprese undici scuole superiori in Francia (istituti privati di ottima qualità, spesso molto costosi). Va notato, tuttavia, che gli unici college pubblici che figurano tra i cinquanta migliori sono due istituti bilingue, che selezionano gli studenti, con un esame nel caso del collegio franco-tedesco di Buc e in archivio o in prova presso il collegio internazionale collegio di Saint-Germain-en-Laye.

Perché gli studenti di Quesnay sono bravi nelle

lingue? Ho omesso la risposta più semplice, che uno dei miei studenti mi ricorda in tono di evidenza:

— Tutti i miei amici i cui genitori hanno assunto ragazze alla pari di lingua inglese sono bilingue . Alle ragazze alla pari è richiesto solo di parlare ai bambini in inglese e quando raggiungono l'età di otto o nove anni stanno andando molto bene.

— È questo il tuo caso, Laurence?

— No, risponde lei, un po' dispiaciuta. Mia madre ha preso degli africani, un colombiano... e cambiava ogni due anni.

Laurence è quindi svantaggiata dal tropismo del Terzo mondo della sua famiglia. Rassicuriamo comunque il lettore: questa studentessa, anch'essa adorabile, parla un ottimo inglese, che sta perfezionando in Canada.

Una ragazza alla pari, come nei romanzi di una volta. Dopo tutto, lui

" sufficiente " per avere una stanza libera nel suo appartamento, situato in una grande città universitaria, per sfamare una bocca in più e per fornire alla studentessa almeno 80 euro di paghetta a settimana. Siamo ovviamente lontani dai mezzi che la Pubblica Istruzione mette a disposizione degli alunni: due o tre ore di lezione alla settimana sono dedicate allo studio di ogni lingua, parte delle quali magari con assistenti madrelingua inglese, che dialogano con quindici studenti .

Le gite scolastiche effettuate nell'ambito della struttura possono prevedere un modesto supplemento. Difficilmente possono superare alcuni giorni durante l'orario scolastico, ma a volte si estendono fino a due settimane, straripando durante le vacanze. Per diversi anni, l'organizzazione di questi viaggi si è scontrata con regole di diritto pignoli in materia di finanziamento. Gli insegnanti di lingue si lamentano anche del fatto che il duro lavoro di preparazione e supervisione di questi viaggi non viene in alcun modo riconosciuto. Al contrario, sono accusati dai loro colleghi di interrompere la progressione delle lezioni. Tutto quindi cospira affinché questi viaggi rimangano eccezioni. Al massimo possono dare un assaggio della cultura del paese visitato.

Corsi e soggiorni linguistici a bizzeffe

Basta fare una passeggiata a Londra o prendere l'Eurostar a luglio per vedere che fioriscono i soggiorni linguistici in Inghilterra. Nonostante la paga molto bassa, l'alloggio di giovani europei, spesso francesi, è anche un'importante fonte di reddito per molte famiglie a basso reddito nell'area londinese. Questi soggiorni, immersi in una famiglia o in un gruppo, rimangono costosi: è necessario contare un minimo di circa 1.500 euro nel Regno Unito per due settimane, trasporto escluso. Un soggiorno della stessa durata negli Stati Uniti costerà facilmente 4.000 euro.

Tale investimento è riservato alle famiglie che ne hanno i mezzi, ma anche che ne percepiscono l'importanza e lo sanno comunicare ai propri figli. Quando sono giovani, difficilmente accettano di andare da soli. Per aiutare i genitori a convincerli, "English + sport" o "English

+ avventura" sono offerti da organizzazioni specializzate, il che aumenta il costo del corso e ne riduce l'efficacia. Sono soprattutto le famiglie più avvantaggiate a mandare il figlio in immersione, la formula più efficace. Parlare un inglese perfetto è una necessità per loro; i mezzi per raggiungere questo obiettivo non sono discutibili. Perché l'inglese è una disciplina speciale. Tre settimane in famiglia valgono tanto o anche più di un anno di corso. Siamo d'accordo che un tale risultato sarebbe molto difficile da riprodurre in matematica o in geografia. Non stupisce, quindi, che i soggiorni linguistici amplino notevolmente i divari di conoscenza della lingua inglese tra i giovani, a vantaggio dei più avvantaggiati.

Certo, è ancora più efficace risiedere ed essere istruiti in un paese anglosassone. Il caso più frequente è quello degli alunni i cui genitori sono stati espatriati da alcuni anni per motivi professionali. Nella maggior parte dei casi si tratta di dirigenti (sette espatriati su dieci) o dirigenti d'azienda. L'espatrio riguarda soprattutto i giovani dipendenti, soprattutto se si tiene conto del volontariato internazionale in azienda, riservato agli under 20.

otto anni. Non è quindi raro che gli espatriati incontrino il proprio coniuge all'estero, il che "produce" figli spesso bilingui e biculturali. In un liceo come François Quesnay, ci colpisce anche l'alto numero di alunni bilingue, perché uno dei genitori è straniero o perché sono stati in parte cresciuti all'estero, la maggior parte del tempo in un paese di lingua inglese. Secondo lo studio condotto periodicamente dal portale di espatrio Mondissimo (www.mondissimo.com), il 56% degli espatriati ha incontrato la persona con cui vive durante il proprio espatrio. Il caso dunque fa bene le cose, il che aumenta il grado di internazionalizzazione delle élite e il vantaggio competitivo che ne derivano. Come canta Gérard Manset: "Dicono che l'amore è cieco, ma bisogna credere che veda. »

La padronanza delle lingue moderne, in particolare dell'inglese, è quindi un fattore essenziale di discriminazione per estrazione sociale e denaro. I bambini provenienti da ambienti privilegiati sono migliori in inglese, grazie ai vantaggi che la loro famiglia offre loro per migliorare in questa materia. In un contesto in cui l'istruzione nazionale fatica a fornire formazione linguistica, in cui la conoscenza della lingua inglese sta acquisendo importanza nella selezione scolastica e per l'accesso al lavoro, l'impatto di questo vantaggio è in costante aumento.

Durante un colloquio con la madre di un'alunna, mi ha confidato che sua figlia si è presa un anno di pausa tra la nona e la seconda in Scozia, perché è una tradizione di famiglia: suo padre, suo zio, sua sorella maggiore hanno fatto lo stesso e tutti bene. "È molto gratificante", aggiunge. Ascoltandolo, non posso fare a meno di pensare a Bourdieu. Il capitale culturale, scrive il sociologo, "costa tempo e tempo che deve essere investito personalmente [8] In quale ambiente sociale, infatti, accetteremo di prolungare di un anno l'orario scolastico per uscirne meglio armati, perché già aperti al vasto mondo?

Durante il mio primo anno al Lycée François Quesnay, ho compilato più domande di ammissione all'istruzione superiore in Canada, negli Stati Uniti o nel Regno Unito che durante il resto della mia carriera. Sono diventato uno specialista in UCAS (Universities and Colleges Admissions Service), so approssimativamente quali studenti saranno probabilmente portati all'HEC Montreal o alla Warwick Business School e scrivo lettere di raccomandazione nello stile del paese, lodando il profondo impegno ("grande coinvolgimento") e le eccezionali prestazioni accademiche ("eccezionali prestazioni accademiche") dei miei bravi studenti, perché l'iperbole è la regola nelle lettere di raccomandazione anglosassoni. In genere li incoraggio a tentare l'avventura quando lo considerano, perché potranno comunque conseguire la laurea magistrale che mancano al loro rientro se il loro diploma anglosassone non è sufficiente, e avranno un evidente vantaggio in lingua , nella gestione delle relazioni interculturali e avranno imparato a cavarsela in contesti lontani dall'ambiente molto protetto in cui sono cresciuti. Questa convinzione si è affermata quando alcuni sono tornati a trovarmi dopo un anno trascorso all'estero: più maturi, più sicuri di sé, hanno scoperto chi erano e cosa volevano diventare. Un quarto della produzione francese viene venduto al di fuori dei confini. Al contrario, compriamo all'estero un quarto di quello che consumiamo. Società costituite all'estero o rilevate da società straniere. I congressi scientifici sono quasi tutti internazionali. La metà delle nostre leggi derivano da direttive europee, adottate dopo lunghe trattative... in inglese. Ottanta milioni di turisti stranieri vengono in Francia ogni anno. Di conseguenza, le nostre attività, le nostre professioni, il nostro futuro sono indissolubilmente legati al resto del mondo.

Questo è diverso. L'idea di una società mondiale unificata è falsa, anche se le grandi capitali, viste attraverso aeroporti, negozi di lusso e alberghi, possono assomigliarsi. Ogni paese conserva la sua cultura, le sue tradizioni, il suo sistema sociale. La conoscenza, non solo della lingua, ma dei paesi esteri è quindi importante in un numero crescente di professioni e lo sarà sempre. Tuttavia, questa conoscenza può essere acquisita solo andando lì.

Scuole globalizzate ed Erasmus in soccorso

Le prime ad averlo capito sono le business school. Per convalidare il diploma è necessario almeno uno stage all'estero – due in alcune scuole. È quasi sempre possibile seguire un intero anno di studio presso una scuola partner, o anche un anno sabbatico all'estero. Le scuole stanno infatti moltiplicando i partenariati con scuole di altri paesi per facilitare questi scambi e l'ottenimento di doppi diplomi. HEC rilascia quindi diciassette doppie lauree, nove delle quali sono in partnership con istituzioni estere. Questi doppi diplomi arricchiscono il curriculum vitae degli studenti e dimostrano la loro capacità di adattarsi a un ambiente straniero.

Le scuole competono anche nel volontariato in questo senso: ognuna afferma che l'internazionalità è la sua forza, la sua specificità, la sua identità, il suo "DNA". I più grandi hanno spesso aperto campus all'estero. ESSEC (Higher School of Economics and Business) è presente a Singapore; ESCP Europe opera su cinque campus (Parigi, Londra, Berlino, Torino e Madrid); EM Lyon ha istituito a Shanghai, EDHEC (Ecole des Hautes Etudes Commerciales) a Londra e Singapore, ecc.

Le scuole di ingegneria hanno seguito l'esempio non senza un certo ritardo, ma a volte con entusiasmo. Centrale Paris ha aperto un campus a Pechino, che forma ingegneri trilingue in sei anni, un altro a Hyderabad (India) e presto aprirà un'École Centrale Casablanca. Uno stage di un semestre all'estero è obbligatorio e tutti gli studenti imparano almeno due lingue. All'École Polytechnique, l'85% degli studenti rimane all'estero (9 mesi in media) e quasi la metà trascorre l'intero quarto anno in un'università straniera.

Anche gli Iep (Istituti di studi politici) e gli istituti cattolici si sono internazionalizzati: tirocinio obbligatorio all'estero, doppi diplomi, società di persone. Sciences Po Paris ha svolto un ruolo pionieristico in questo settore. Quando il passaggio dai tre ai cinque anni di scuola è diventato inevitabile. All'inizio dell'anno scolastico 2000 è stato introdotto un anno all'estero (che ha permesso anche di ampliare le limitate capacità di accoglienza di rue Saint-Guillaume).

È anche possibile far venire il mondo da te. Nelle business school, l'influenza degli studenti stranieri favorisce l'acclimatazione ad altre culture. Così, il 12% degli studenti in Francia, ma il 20% degli studenti delle Grandes Ecoles, ovvero 48.000 studenti, sono stranieri. A Sciences Po Paris, la percentuale di stranieri raggiunge addirittura il 42%. Parte dei corsi sono impartiti in inglese, sia per poter accogliere questi studenti stranieri, sia perché alcuni insegnanti, quando non sono la maggioranza, lo sono. Rimane l'università, ancora poco rivolta verso l'esterno. Esiste da venticinque anni una possibilità molto interessante attraverso l'Erasmus, accessibile anche agli studenti delle Grandes Ecoles o in STS (sezione tecnica superiore). Il programma intende promuovere stage o periodi di studio in altri Paesi dell'Unione Europea e, dal 2014, extra UE. Ogni anno riguarda poco più di 30.000 studenti francesi, che si recano principalmente in Spagna e Regno Unito. Uno su cinque occupa una posizione entry level lì e quattro su cinque recensiscono lì. Questo è chiaramente un numero discreto: si rivolge a meno dell'1,3% di studenti, un tasso molte volte inferiore a quello degli studenti delle Grandes Ecoles che viaggiano in un altro paese. Aspettando che tutti rimangano sostituti per molto tempo in totale, solo uno su diciassette lascerà, un semestre o un anno, all'interno della struttura dell'Erasmus... compresi innumerevoli sostituti delle Grandes Ecoles. Ovviamente, non tutti i sostituti sono equivalenti in questo modo. Un'altra disparità viene dal profilo degli studenti che passano per Erasmus. Il sostituto comune è "un sostituto al terzo anno di un'istruzione universitaria quadriennale in regolamentazione o sociologia o discipline umanistiche, con qualcosa come un genitore che si è concentrato sull'istruzione avanzata e la cui famiglia è piuttosto ricca", mostra un nuovo sondaggio.9. Il finanziamento europeo riconosce a uno studente Erasmus uno stipendio che va dai 100 ai 300 euro al mese (dai 130 ai 350 euro al mese per un lavoro interinale). L'alambicco in aria da un consiglio di amministrazione scelto, in particolare secondo le regole sociali. In ogni caso, considerando queste guide (in netto calo), l'Erasmus è considerato eccessivamente oneroso dal 55% degli studenti interessati. Gli imperativi monetari sono anche la principale spiegazione data per non viaggiare in un altro paese. L'espansione del 40% nel piano finanziario Erasmus+ per il periodo 2014-2020, quando il programma era minato da limitazioni monetarie, ha influito sull'ammontare delle assegnazioni.

Infine, per gli studenti facoltosi, trascorrere qualche settimana estiva negli Stati Uniti seguendo dei corsi prima di rientrare in Francia con un diploma americano è un modo proficuo e piacevole di utilizzare il proprio tempo di vacanza. I programmi estivi lo consentono. Certo, i reclutatori nutrono poche illusioni sul valore dei diplomi rilasciati dopo un periodo di formazione così breve. Aiutano comunque a compilare un curriculum con una laurea a Stanford o Berkeley ottenuta a basso costo (si fa per dire) ea scoprire un paese. Sono molto popolari. Al contrario, le Grandes Ecoles francesi accolgono in questo contesto molti studenti stranieri, perché questa significativa fonte di reddito aggiuntivo prolunga il periodo di utilizzo delle loro attrezzature.

La grande (e costosa) partenza

La percentuale di studenti delle scuole superiori che partono per l'istruzione superiore all'estero è molto più alta nei quartieri di lusso. In ogni classe, tre o quattro studenti continuano la loro formazione altrove, in particolare nelle università britanniche e canadesi, queste ultime hanno generalmente il vantaggio di consentire agli studenti di sostenere gli esami in francese il primo anno, il tempo per acclimatarsi. Altri frequentano le ottime scuole alberghiere svizzere. Prestigiose università americane sono invece prese in considerazione per un master o una laurea post-laurea. Lo conferma un sondaggio condotto nel 2013 dall'IFOP (Istituto francese dell'opinione pubblica): il 77% degli studenti con genitori dirigenti o professionisti intermedi, rispetto al 49% in media, prevede di studiare almeno parzialmente all'estero.

Partire, è vero, non è facile. Devi considerare, a diciotto anni, ritrovarsi da solo, dover parlare una lingua straniera, anche durante gli esami, poter padroneggiare i codici di una cultura diversa. Ci vogliono determinazione e fiducia, oltre al sostegno della sua famiglia. Questi ingredienti si trovano più facilmente negli ambienti privilegiati, a imitazione dell'alta borghesia. Il mondo è sempre stato il terreno di gioco di questo gruppo sociale. I cugini dall'altra parte dell'Atlantico, della Manica o del Reno non sono rari. La presenza di tate e au pair straniere garantisce la padronanza precoce delle lingue straniere e la familiarità con determinate culture, in particolare quella anglosassone. Gli studi secondari sono talvolta seguiti all'estero, in college svizzeri o inglesi. Molto cosmopoliti erano anche gli stabilimenti privati che accoglievano l'alta borghesia, come l'École des Roches in Normandia.

Questo modello si sta gradualmente estendendo alle classi medio-alte. Le famiglie lì hanno spesso una vasta esperienza di paesi stranieri, coltivata durante scambi linguistici, stage o trasferimenti professionali. Generalmente positiva, questa esperienza porta i genitori a presentare l'espatrio in una luce favorevole ea sdrammatizzarlo. Invece di trattenere i propri figli, per paura dell'ignoto, della distanza, di non poterli aiutare, che è il riflesso nella maggior parte degli ambienti, i genitori provenienti da ambienti privilegiati li incoraggiano quindi ad andarsene o, almeno, a considerare questa partenza in modo più positivo. Di conseguenza, i bambini provenienti da ambienti privilegiati spesso si avvicinano all'esilio con una sicurezza che agli altri manca. Febbraio è il mese in cui si decidono gli stage del terzo anno all'estero a Sciences Po e nelle business school. I miei ex studenti che studiano lì pubblicano la loro destinazione su Facebook: Tokyo, New York, Delhi... niente li spaventa, tanto più che lì hanno spesso contatti familiari, che non necessariamente cercano, ma che si assicurano.

Nei paesi frequentati dagli studenti, l'istruzione superiore è generalmente più costosa che in Francia, dove il modello gratuito conserva una certa forza e dove i meccanismi di finanziamento degli studi retribuiti sono, di conseguenza, poco sviluppati.

Tuttavia, il costo aggiuntivo deve essere valutato in relazione a una preparazione praticamente identica. Non è garantito che l'apprendimento all'HEC Montréal costi più di un business college in Francia, a causa degli attuali accordi tra il Quebec e la Francia. Le spese educative presso la London School of Financial Points sono di 10.200 euro all'anno a livello universitario, il che non è molto diverso da quello del BBA (single guy in business organization) e di altre scuole con costi di pianificazione coordinati. Inoltre, gli studenti francesi sono qualificati per sovvenzioni simili a quelle inglesi.

D'altra parte, gli esperti di scienze, che trasmettono una laurea universalmente percepita in un anno, sono costosi: oltre 60.000 euro al London Business College, tra i 20.000 e i 40.000 euro all'anno per una certificazione di ingegneria del software al MIT (Massachusetts Foundation of Innovation), 40.000 euro all'anno presso la Harvard Clinical School. Questo è più dei capi più costosi trasmessi dalle scuole francesi. Si tengono inoltre scuole alloggio svizzere per studenti con abbondanti risorse: costa 122.750 euro per parecchio tempo a Losanna e 149.000 euro a Glion per sette semestri; numeri

" comprensivi ", indiscutibilmente, ma che rimangono confusi. L'industria francese dei viaggi può arruolare i suoi capi tra gli ex studenti delle Grandes Ecoles che hanno seguito una specializzazione in consiglio di amministrazione, presentata ad esempio da EM Lyon. Attraversare la Svizzera gode quindi del vantaggio fondamentale di stare lontano dall'interazione di scelta all'ingresso delle Grandes Ecoles, fornendo al contempo un certificato rinomato. Alle tasse universitarie vanno aggiunte le spese di soggiorno in sede e quelle di viaggio. Le opportunità di finanziamento sono generalmente maggiori che in Francia; le scuole aiutano attivamente i loro studenti a mobilitarli.

Nota: sapere quanto costa una scuola francese a volte è un percorso ad ostacoli. Spesso devi compilare un foglio informativo per ricevere un link o una brochure patinata che ti informa sulle tasse universitarie, o anche contattare direttamente la scuola. Al contrario, la maggior parte delle istituzioni estere pubblica un tariffario preciso e completo accessibile in un clic per tutti i corsi. Ciò riflette un atteggiamento molto più rilassato nei confronti del costo dell'istruzione nei paesi anglosassoni o in Svizzera.

Un'esperienza proficua

Perché andarsene? Il livello di studi in Francia è buono, soprattutto nella formazione selettiva. Tra i miei studenti che hanno trascorso un semestre o un anno di studio all'estero, molti ritengono che i corsi siano di livello migliore in Francia. La Francia è anche molto ben classificata tra i luoghi in cui studiare, grazie alla varietà di corsi di formazione di alto livello e alla buona opinione dei datori di lavoro riguardo ai diplomi francesi. Confrontando le città dove studiare, la società di ricerca britannica Quacquarelli Symonds mette Parigi in testa, davanti a Londra e Boston – please! Lione e Tolosa sono anche tra le prime cinquanta città del mondo.

Tuttavia, andare all'estero ti permette di migliorare le tue abilità linguistiche e di integrarti nel mondo un po' strano delle scuole internazionali. Certo, questo mondo è fortemente anglosassone, ma ci sono sempre più asiatici, soprattutto nel Regno Unito e in Australia. Questi sono spesso studenti che sono passati attraverso i collegi. Hanno lasciato la loro famiglia e talvolta il loro paese molto tempo fa, viaggiano tra diverse culture e misurano l'importanza della solidarietà tra pari. Questo crea una cultura e uno stato d'animo molto diversi da quelli delle scuole francesi, tanto più che le università anglosassoni lasciano molto spazio all'iniziativa e alla responsabilità individuale.

A livello di master, le Grandes Ecoles francesi traggono molta ispirazione da questo modello. Tornato in Francia per prepararsi alla laurea magistrale, lo studente che ha conseguito una laurea triennale in un paese anglosassone conoscerà questo ambiente cosmopolita, seguirà i corsi in lingua inglese senza la minima difficoltà e utilizzerà la rete internazionale che si saranno accumulati. .

Coloro che completano l'intera formazione all'estero spesso traggono vantaggio dall'iniziare lì la loro carriera. Molte aziende sono stabilite in più paesi, poiché gli scambi tra aziende appartenenti allo stesso gruppo multinazionale rappresentano il 40% del commercio mondiale. La questione della gestione interculturale diventa quindi centrale; un doppio raccolto offre un notevole vantaggio.

Questa analisi obiettiva deve essere integrata da dati psicologici intangibili che mi hanno colpito molto. Chi parte spesso desidera evadere da un ambiente familiare e sociale un po' soffocante, in luoghi segnati di un ristretto gruppo sociale. L'aria del mare aperto li trasforma in modo sempre positivo ea volte spettacolare. Ho chiesto ad Amélie di fungere da mia informatrice sulla vita nei campus inglesi, dato che mi fido del suo giudizio. La trovo trasformata dal suo anno di esilio. Ha mantenuto uno stile discreto, ma ha acquisito una grande sicurezza in se stessa e si proietta nel futuro con grande determinazione e voglia. Il suo lato un po' titubante è completamente scomparso. Mi impressiona quando mi spiega che si è impegnata a compilare un elenco di francesi che sono passati per la sua università e a riunirli,

Infine, andare all'estero durante gli studi ti dà un vantaggio competitivo sul mercato del lavoro, almeno per accedere a lavori qualificati. Nelle funzioni esecutive di grandi aziende il vantaggio è notevole. Una vera e propria immersione, di diversi anni, offre anche un accesso molto migliore ai mercati del lavoro stranieri. Gli studenti delle Grandes Ecoles beneficiano molto di più di quelli delle università. Questo vantaggio è anche una funzione del background sociale. Andarsene costa: solo una piccola minoranza della popolazione può permettersi di pagare questo tipo di scolarizzazione per i propri figli. Serve un buon livello di linguaggio, che abbiamo visto dipende molto dall'ambiente familiare. Bisogna anche lanciarsi verso l'ignoto, cosa molto più facile quando ci si è abituati, fin dall'infanzia, le vacanze ei soggiorni linguistici all'estero e quando i genitori incoraggiano la partenza. Su tutti i siti specializzati lo studio all'estero viene presentato come un investimento; è ancora necessario avere i mezzi per investire.

Capitolo 4 Note

1. VSCOMMISSIONE EUROPEA, settembre 2014 (comunicato stampa).

2. Intervista su L'Express, 28 settembre 2010.

3. Intervista in Jean-Michel EYMERI, La Fabrique des énarques, Economica, Paris, 2001, p. 189.

4. VSCOMMISSIONE EUROPEA, La percezione dell'occupabilità *dei laureati da parte dei datori di lavoro*, Flash Eurobarometer, novembre 2010.

5. Belgio, Bulgaria, Croazia, Spagna, Estonia, Francia, Grecia, Malta, Paesi Bassi, Polonia, Portogallo, Slovenia e Svezia ("SurveyLang survey", in Nota informativa, n ^{oh} 12.11, Ministero della Pubblica Istruzione, giugno 2012).

6. DEP, "Competenze degli studenti nella comprensione delle lingue straniere moderne al termine della scuola media", Nota informativa, n ^{oh} 12.05, aprile 2012.

7. Giovanni Paolo C.AIL, "Lezioni private al primo anno di università", loc. cit.

8. Peter BOURDIEU, "I tre stati del capitale culturale", Atti di ricerca sulle scienze sociali, n. ^{oh} 30, 1979.

9. Annick BONNET, "La mobilità degli studenti

Erasmus. Contributi e limiti degli studi esistenti", CIEP, marzo-25-anni-erasmus.pdf.

5

Dopo il diploma di maturità, TSF (tutto tranne l'università)!

"I vantaggi dell'appartenenza a un gruppo sono il fondamento della solidarietà che li rende possibili. [1]. »

VS come segue _ del superiore e dell'udes _ chi me nt in un Beh , lavoro quando hai un livello di istruzione fragile? Abbiamo visto all'inizio di questo libro che la deviazione all'estero ha talvolta permesso di aggirare la feroce selezione che prevale in certe discipline, a patto che questa costosissima soluzione potesse essere finanziata. Rimane più facile integrare le scuole private, con tasse universitarie elevate, che limitano fortemente il numero dei loro candidati e la loro selettività.

Quando lavoravo in una scuola superiore della classe operaia, non avevo quasi sentito parlare di queste scuole. Da quando ero al Lycée Quesnay, ho notato che le business school con preparazione integrata, poco selettive, ma che portano in quattro o cinque anni a diplomi ben accolti dai datori di lavoro, sono il primo sbocco per gli studenti ES. È anche uno sbocco predefinito per coloro che non sono sicuri di cosa vogliono fare. Su scala minore, la stessa tendenza può essere osservata nelle scuole di ingegneria.

Il successo che aiuta, l'argomento della spesa significativa di queste scuole non viene mai fatto riferimento dagli studenti. Spesso non hanno la più pallida idea del costo o addirittura pensano che i loro genitori probabilmente non saranno in grado di sostenerne il costo. Durante le conversazioni di direzione, sono generalmente io che sollevo l'argomento per primo... spesso con l'incredibile aiuto dei tutori, per i quali è chiaramente una componente significativa, ma che non giocherebbe nemmeno con la possibilità di citarlo, per non sembrano andare contro i progressi dei loro giovani per l'economia.

Tutti ben informati, i tutori sono spesso riluttanti a portare avanti questa decisione, consapevoli dell'umile livello scolastico di queste scuole. Per i sostituti forti (quelli generalmente eccellenti non amano queste scuole), consiglio di concentrarsi sulle migliori scuole e di andare a prepararsi nel caso in cui non vengano presi nelle poche migliori. Agli studenti medi, non ho niente da dire, in quanto nessun'altra preparazione al loro interno arriva gratuitamente dà loro un così grande accesso al lavoro come queste scuole, anche posizionate nella parte bassa del posizionamento.

Quali studenti per quali scuole?

È un mistero: ogni anno, studenti con gravi carenze, in particolare nell'espressione scritta e orale, entrano in scuole rispettabili come ESSCA (Ecole Supérieure des Sciences Commerciales d'Angers), ESG (Graduate School of Management) o BBA di ESSEC, nonostante appena conseguito il diploma di maturità. Anche quest'anno, il più debole dei miei studenti che entrano nell'ESG ha avuto una media di 8,8 nell'ultimo anno e 10,2 nel diploma di maturità. Possiamo dire che questo esame è diventato una passeggiata, per alcuni è più difficile da ottenere rispetto all'esame di ammissione alla scuola. Tuttavia, i dati molto seri pubblicati da L'Étudiant mostrano che la media nel diploma di maturità degli studenti di queste scuole è piuttosto buona: 12,77 per ISTEC (Scuola superiore di commercio e marketing), 13, 25 per IPAG (Istituto di preparazione all'amministrazione generale), 13.37 per EBS (European Business School), 13.7 per ESSCA, 13.74 per ESCE (Higher School of Foreign Trade) , 13.95 per ESG, 14.56 per IESEG (Institute of Scientific Economics and Management). Come spiegarlo?

Nel 2010 ho avuto una lunga discussione con uno studente e sua madre. Voleva superare l'esame Access per integrare IESEG. Avrebbe preferito che facesse una preparazione, che aveva i mezzi per intraprendere. Chiaramente questa madre qualificata attribuiva un valore formativo alla preparazione, ai suoi alti standard, al suo rigore, alle solide basi di cultura generale che vi si acquisiscono. A malincuore, ha sollevato la questione del costo di una scuola in cinque anni.

"Hai i mezzi per pagare", disse piano suo figlio. "Ma tu non sei solo. Ci sono anche i tuoi due fratelli ", ha ricordato. Ha vinto la sua causa e ha superato la competizione. Il resto della storia? Ho visto il mio studente di recente in un negozio, dove vendeva scarpe, per occuparsi prima di uno stage. Dopo aver trascorso un semestre a Mumbai e aver convalidato una laurea indiana, si stava preparando a completare un MBA in Perù. "Così, mi disse, avrò un diploma in francese, uno in inglese e uno in spagnolo. Chiaramente non aveva perso tempo. Ai suoi genitori sarebbe costato un po' meno se avesse frequentato la scuola preparatoria e probabilmente avrebbe ottenuto una scuola superiore. Si era risparmiato due anni di intenso lavoro e stress e il rischio di saltare le gare, che ancora esiste. Sapeva di essere stato preso ancor prima di superare il diploma di maturità e quindi aveva tutte le possibilità di andare al master senza intoppi. Possiamo prevedere una buona carriera per lui, ma probabilmente meno buona che se fosse entrato in HEC o ESCP Europe.

Esistono quindi due tipologie di studenti nelle scuole private post-maturità: studenti abbastanza medi, che avrebbero poche possibilità di entrare nelle scuole dopo un corso propedeutico, e maggiori difficoltà a conseguire una laurea in economia e management. Scelgono queste scuole per impostazione predefinita. Altri, di buon livello, lo fanno per comodità. In che modo gli studenti medi riescono a integrare queste scuole? La prima condizione è poter pagare da 8.000

a 9.000 euro l'anno per cinque anni, a cui si aggiungono vari costi; cioè un budget da 40.000 a 50.000€. Questa condizione eliminando la grande maggioranza degli alunni, la selettività scolastica di queste scuole è necessariamente debole, se vogliono riempire le loro classi. È facile mostrarlo.

Le scuole a preparazione integrata ammettono dal 20% al 30% dei candidati che si presentano. È molto più di HEC, certo, ma pur sempre selettivo, cosa che le scuole non mancano di sottolineare. Tuttavia, questa è solo un'apparenza. La maggior parte degli studenti si iscrive a più scuole, tanto più facilmente poiché i concorsi sono in parte comuni. Immagina che i candidati facciano domanda in media a cinque scuole e tutti siano ammessi a una di esse. Ciascuna scuola poteva affermare di aver ammesso il 20% dei candidati, senza che i concorsi fossero difficili. La selezione tende anche a ridursi a causa del calo del numero dei candidati. Non è inoltre estranea all'origine sociale del candidato. Ascoltiamo la testimonianza di Sarah, candidata vincente all'ESPEME (Scuola Superiore di Gestione Aziendale in quattro anni, del gruppo EDHEC), consegnata a un'organizzazione di consulenza allo studio: "Sono stata molto contenta del mio orale. La giuria, composta da due donne, è rimasta affascinata da quanto stavo dicendo, in particolare dal mio soggiorno linguistico di due mesi e mezzo a Melbourne, in Australia. [2]. In realtà è più interessante della costa inglese.

Il fatto che questi studenti spesso nella media trovino facilmente un lavoro manageriale è un secondo mistero. Se non hanno un livello accademico superiore a quello dell'università, come spiegare la relativa preferenza delle aziende per i diplomati?

Prima spiegazione: le reti. Come le loro sorelle maggiori più prestigiose, queste scuole hanno il grande vantaggio di stringere legami con i datori di lavoro e mantenerli, attraverso stage e associazioni di ex studenti. Le Grandes Ecoles attribuiscono enorme importanza al mantenimento delle reti: eventi che coinvolgono ex studenti e studenti, il cui miglior esempio è il prestigioso Bal de l'X, elenchi di ex studenti, riviste hanno la funzione di legare una comunità . In Cina, le business school offrono tasse universitarie MBA ai politici, al fine di attrarre alti dirigenti che desiderano arricchire la propria rete. I laureati hanno generalmente un buon ricordo dei loro anni scolastici e spesso hanno ricevuto aiuto da anziani, il che li incoraggia ad aiutare le nuove generazioni. Consapevoli che la loro laurea ha tanto più valore quando chi la detiene occupa posizioni prestigiose, sono inclini ad assumere ex studenti della loro scuola. Anche gli stage sono una risorsa preziosa. Contribuiscono a rendere più rapidamente operativo il laureato e ad ampliare la sua rete relazionale, che è il modo più efficace per trovare lavoro, soprattutto per i dirigenti.

Seconda spiegazione: le università tendono a trascurare le conoscenze non accademiche. Le business school, così come alcune scuole preparatorie, al contrario, insegnano ai loro studenti a presentarsi. "L'aspetto fisico, in particolare l'abbigliamento, e l'hexis del corpo sono oggetti e obiettivi di apprendimento. [...] È infatti la facilità, o meglio le sue manifestazioni esterne, ad essere oggetto di un lavoro significativo", scrive la sociologa Muriel Darmon a proposito della preparazione commerciale [3]. Andando alla fine del percorso, la ESG management school utilizza, per formare i suoi studenti alla leadership (?), le competenze del corso Florent, che fa parte dello stesso gruppo dal 2012. Queste preoccupazioni fanno eco alla descrizione data dai sociologi Michel Pinçon e Monique Pinçon-Charlot dell'educazione della borghesia nei college chic: "La presentazione di se stessi non è lasciata alla buona volontà degli alunni. Se l'abbigliamento negligente è vietato, la giornata favorisce un certo relax: nella maggior parte dei college svizzeri o all'École des Roches, la cravatta non è obbligatoria per frequentare le lezioni. Diverso è per la cena che è un intenso momento di socialità borghese. [4]. »

In altre parole, gli studenti acquisiscono nella business school, se non l'hanno già fatto in famiglia, disposizioni che il sociologo Pierre Bourdieu ha definito capitale culturale incorporato. Modellando l'immagine della persona, molto preziosa durante i colloqui di assunzione e nella vita professionale in generale, questo capitale spesso fa la differenza. Capacità di trovare la giusta distanza rispetto ai propri interlocutori, evitando un eccesso di familiarità o servilismo, capacità di adottare il giusto tono, capacità di impressionare favorevolmente: difficili da misurare, queste doti sono di grande aiuto ai laureati delle Grandes Écoles per impressionare loro pubblico e convincerli che sono dirigenti credibili.

Anche le maggiori scuole triennali cercano queste competenze. Ecco, ad esempio, come ESSEC (www.essec.fr) presenta l'intervista individuale, accusata di un altissimo coefficiente: "L'incontro mette in grado di indagare il carattere del promettente: familiarità di spettacolo e verbale; ricettività; versatilità ; cordialità; senso del dovere. Per ESSEC, i concorrenti devono sapere come: presentarsi; dare un senso alla sua professione e alle sue imprese; discutere i loro incontri; condividere le loro inclinazioni. Un membro della giuria per questo test, un dirigente d'azienda, quando mi ha detto completamente che forse ci sono voluti venti minuti per essere consapevole, supponendo che un sostituto avesse il carattere di un capo decente. È chiaramente rischioso se questa sia la "personalità" del promettente scoperto da questo orale; artigianato creato. Comunque sia, ha davvero importanza, purché il concorrente possieda tutte le qualità necessarie? Avrà dimostrato di stare al gioco, di condividere gli obiettivi e il valore dell'organizzazione es, che ne apprende lo stile e i codici.

Sarebbe fuori luogo, in ogni caso, limitare la forza di questi sostituti a questi attributi. Quest'anno gli studenti della mia scuola secondaria hanno organizzato una festa. Abbiamo sentito i sostituti cantare, suonare rappresentazioni e musica, dal violino solo al metal più spietato. La scossa è arrivata dai venti sostituti che si sono assunti la responsabilità dell'associazione. Spesso sradicati o ingombranti in classe, sono diventati potenti pionieri o moderatori semi abili. Fecero un incontro con il presidente della città e si procurarono una deliziosa stanza, disposero l'approvazione dell'organizzazione della scuola, si occuparono della biglietteria, delle udienze, dell'amministrazione, del raggruppamento delle mostre; senza una nota fasulla. Hanno illustrato capacità di iniziativa, comunicazione, negoziazione, lavoro di squadra che il nostro sistema scolastico non valuta, ma che contano nel mondo del lavoro. Quasi tutti nel terminal ES, la maggior parte di loro andrà a scuola di economia l'anno prossimo; la loro formazione è già iniziata.

Un senso di ingiustizia

Questo successo, così strettamente legato alla capacità finanziaria dei genitori, genera un forte sentimento di ingiustizia in alcuni studenti e insegnanti. Possiamo capirlo. Prendiamo un adolescente che si esprime correttamente e che, per l'educazione ricevuta in un ambiente familiare molto favorito, ha una buona presentazione e un certo disinvoltura nella società. Queste qualità, che possono sembrare banali, non lo sono per chi è abituato a lavorare con i giovani indecisi tra il silenzio e l'aggressività. Quanti giovani di quindici o sedici anni sanno stringere la mano a uno sconosciuto e presentarsi sobriamente, senza timidezze o eccessi? Immaginiamo che questo adolescente sia piuttosto interessato ai suoi studi. Alla fine del secondo, essendo riuscito a mantenersi intorno alla media, opta per lo stream ES, perché si sa che in S "è necessario lavorare". Dopo un primo mediocre, che chiude ogni possibilità di essere ammesso alla prep o alla doppia patente, perché il suo curriculum scolastico ne recherà traccia, arriva l'ultimo anno, decisivo. Il nostro adolescente sta accelerando, lavorando un po' per il diploma di maturità e molto per i concorsi Link, Team, Sesame o Access, grazie ai quali le business school con preparazione integrata reclutano. Sorpresa (perché ha poche illusioni sul suo livello accademico): viene ammesso a diverse scuole. grazie alle quali le business school con preparazione integrata reclutano. Sorpresa (perché ha poche illusioni sul suo livello accademico): viene ammesso a diverse scuole.

grazie alle quali le business school con preparazione integrata reclutano. Sorpresa (perché ha poche illusioni sul suo livello accademico): viene ammesso a diverse scuole.

Ha avuto una piacevole educazione lì, intervallata da seminari di sci e stage all'estero. Rimane il bozzolo d'oro in cui ha trascorso la sua adolescenza. L'omogeneità sociale è ancora più pronunciata che al liceo. Il carico di lavoro rimane abbastanza sopportabile. Come ammette francamente uno studente su un forum: "Ecco il mio nome Lionel, sono al mio primo anno all'ESSCA e penso che sto iniziando a pentirmi... In effetti, l'ESSCA è la ghiandola... io, sono un gran lavoratore e io renditi conto che all'ESSCA non mi ucciderò [5]. L'atmosfera non è troppo stressante, poiché la maggior parte degli studenti finisce il corso senza problemi. Alla fine di questi cinque anni trovano lavoro in pochi mesi e guadagnano come se avessero la maturità S, un sup di matematica e una buona scuola di ingegneria. Siamo lontani dal percorso ad ostacoli spesso descritto dalla stampa. Qual è la ricetta miracolosa per negoziare in questo modo questo momento cruciale? Soldi, ovviamente.

L'analisi di quanto accade nelle scuole di ingegneria conferma il peso determinante dell'ammontare delle tasse universitarie. Le scuole di ingegneria post-diploma di maturità sono in crescita. Tuttavia, la loro selettività è molto variabile. Mentre gli INSA (Istituti Nazionali di Scienze Applicate), scuole pubbliche che costano 600 euro l'anno, sono molto selettivi – circa 2.000 posti per 13.000

candidati e una maggioranza di diplomati con lode – le scuole private paganti, che costano dai 6.000 agli 8.000 euro all'anno, sono accessibili a un laureato in scienze medio senza troppe difficoltà. La media del diploma di maturità dei loro studenti, paragonabile a quella degli studenti delle scuole di economia post-diploma di maturità, è di quattro punti inferiore a quella degli studenti INSA.

Che un'educazione compiuta in queste condizioni dia origine a un sentimento di ingiustizia non è sorprendente. Lo sentiamo in bocca agli studenti di preparazione. Sui forum studenteschi, quando uno sfortunato studente dell'ultimo anno suggerisce che i diplomi di alcune scuole post-diploma potrebbero competere con le scuole post-preparatorie, viene dato alle fiamme. Il messaggio è sempre: "I prepas lavorano sodo, hanno un livello accademico migliore e i datori di lavoro lo riconoscono. Sarebbe senza dubbio morale. Ma, a parte le migliori scuole, non è così scontato, come testimoniano gli stipendi di partenza molto ravvicinati. Le posizioni dirigenziali delle grandi aziende francesi sono certamente accessibili solo ai laureati delle scuole più prestigiose, ma le PMI (piccole e medie imprese) offrono grandi opportunità,

Anche gli insegnanti a volte sono amareggiati nel constatare questo successo così poco legato al merito accademico, in termini di impegno e risultati. Tanto più che tendono, la deformazione professionale obbliga, a fare del merito accademico la misura di tutto. Un'amarezza accentuata dal disprezzo mostrato da alcuni studenti per le lezioni impartite loro. I concorsi sono infatti su programmi abbastanza lontani da quelli della classe finale e il diploma di maturità è difficile da perdere. Un somaro così famigerato potrà quindi tornare un anno dopo sulla scena del suo crimine e spiegare candidamente che frequenta la scuola di economia. Descriverà il suo tirocinio in una grande agenzia di consulenza in strategia, raccolto per relazione, e il suo profilo LinkedIn specificherà che ora è un community manager, anche un partner nell'azienda che avrà appena creato con due amici.

Questo sentimento di ingiustizia aumenta quando confrontiamo le condizioni che attendono gli studenti nelle scuole con quelle che prevalgono all'università.

Il crollo dell'attrattiva dell'università

Se più della metà dei titolari di un diploma di maturità generale va all'università, questa percentuale è molto inferiore al liceo François Quesnay, come in tutti i licei privilegiati. Nelle classi scientifiche, su 140 studenti, 45 vanno a medicina, 40 a classi propedeutiche, 35 a ingegneria post-laurea o business school. Aggiungi partenze all'estero e scuole di architettura e ci sono solo da 5 a 10 studenti tra cui scegliere di andare a una licenza o IUT (Istituto Universitario di Tecnologia). Nelle classi economiche la distribuzione è più diversificata: prépas, Sciences Po, università estere accolgono circa 30 studenti, post-baccalaureate business school circa 30, licei artistici 10. Rimangono quindi una quindicina di alunni, che optano principalmente per giurisprudenza o IUT. In totale, solo uno studente su otto va all'università,

Come mai ? I miei studenti vedono l'università come una giungla in cui devono badare a se stessi e motivarsi. I diplomi apprezzati sul mercato del lavoro lì sarebbero rari. Contano anche la paura di un universo mal regolamentato, le cui regole del gioco sono vaghe e si scoprono poco a poco, l'ignoranza dei diplomi e dei lavori a cui conducono. Solo diritto e corsi selettivi, come le doppie patenti, li attraggono. Queste ipotesi sono giustificate? Sono andato alla ricerca di testimonianze per cercare di capire perché gli studenti evitano la principale formazione gratuita nell'istruzione superiore.

I liceali di François Quesnay non sono gli unici ad

abbandonare l'università. Gli studi dopo il diploma di maturità si fanno sempre meno all'università e ristagnano nello IUT, mentre i numeri sono triplicati in tredici anni nelle business school e raddoppiati nelle facoltà di ingegneria. Secondo l'INSEE, da dieci anni la crescita del numero di studenti è arrivata dalle business school (responsabili del 33% dell'aumento), dalle scuole paramediche e sociali (27%) e dalle scuole di ingegneria (17%). Le scuole private fanno la parte del leone.

Al contrario, il 32% dei laureati nel 2013 si è iscritto all'università nell'anno accademico successivo, rispetto al 39% del 2000. Il calo è particolarmente evidente tra gli studenti con un diploma di maturità generale, mentre aumentano le iscrizioni all'università tra i laureati professionali, ma impreparati a studiarvi.. Questo sviluppo rafforza l'idea che l'iscrizione all'università sia una scelta predefinita. Da qui un calo di risultati che non serve a migliorare la reputazione dell'ente. Nel 2012 solo il 43% dei 146.000 studenti universitari del primo anno è arrivato al secondo anno e il 28% si è ritirato. Questi risultati sono dovuti senza dubbio alla mancanza di supervisione, ma soprattutto al pubblico ricevuto dalle università, che sono gli unici corsi non selettivi dell'istruzione superiore.

In media, i titolari di maturità professionale rappresentano il 5% degli studenti del primo anno e i titolari di maturità tecnologica il 15%. Ma queste proporzioni sono molto più alte nelle università con i risultati più bassi. Pertanto, i titolari di un diploma di maturità tecnologica o professionale rappresentano il

31% di quelli registrati a Le Havre (27% dei passaggi nel secondo anno)... e il 60% di quelli registrati a Parigi-XIII (25% dei passaggi)! Solo il 5% dei titolari di un diploma di maturità professionale ottiene un diploma di laurea, rispetto a quasi la metà dei titolari di un diploma di maturità generale. Per gli studenti a cui è teoricamente destinata, l'università non è dunque catastrofica, soprattutto se si tiene conto del fatto che non attrae i migliori laureati, se non in medicina o nel flusso selettivo. Ma i dati grezzi rilasciati al pubblico fanno paura.

Inoltre, i mezzi delle università, in particolare umani, sono molto insufficienti. La spesa media per studente riflette questa carenza. È stimato in 10.770 euro all'università, contro 13.740 euro in STS, 15.080 euro in classe preparatoria e circa 17.000 euro in business school. Ancora una volta, questa è una media che tiene conto di tutti i livelli e di tutti gli allenamenti. I primi cicli sono molto meno dotati. Inoltre, le università offrono da diversi anni doppie lauree, combinando diritto ed economia, scienze e storia, arti e scienze sociali o scienze ed economia. Selettivi, questi corsi di grande successo copiano alcuni metodi scolastici: associazioni studentesche attive, fine settimana di integrazione, alto numero di ore di corso, partenariati internazionali. Poiché lo Stato, nonostante le buone parole dei suoi successivi ministri, si sta ritirando finanziariamente, non darà mai i mezzi alle università per far riuscire la maggior parte dei loro studenti al primo anno di laurea, grazie all'organizzazione della formazione in piccoli gruppi, poiché lo Stato è autistico, le università pubbliche devono impegnarsi a subappaltare il primo anno di laurea triennale all'istruzione superiore privata e tassarla di passaggio per finanziare più correttamente L2 e L3 [6].

Come conseguenza di questa povertà, i tassi di vigilanza sono insufficienti, soprattutto nel primo ciclo. A parte gli studi linguistici, le lezioni in piccoli gruppi sono generalmente limitate a tre o quattro sessioni di un'ora e mezza a settimana, mentre il resto delle lezioni viene svolto in grandi aule in cui è difficile rimanere concentrati e impossibile fare una domanda. domanda o per tornare su un passaggio frainteso. I tutorial sono spesso forniti da studenti avanzati e inesperti, concentrati sul completamento della loro tesi più che sui loro corsi e senza alcuna formazione pedagogica. L'università recluta anche insegnanti di scuola secondaria, che sono molto più preparati, ma gli stipendi sono poco allettanti ei posti pochi.

Alcune discipline sono particolarmente svantaggiate. In giurisprudenza, gli studenti tengono principalmente lezioni in anfiteatro. Secondo una sintesi della Corte dei Conti, "mentre nelle altre discipline c'è in media un professore ogni 30 studenti, questo rapporto scende a 1 su 55 in giurisprudenza[7] Il tasso di supervisione è di circa 26 docenti-ricercatori ogni 1.000 studenti, mentre la media, sommata di tutte le discipline, è di 36 ogni 1.000. Anche lì la spesa per studente è particolarmente bassa, osserva la Corte.

per studente a Paris-Ouest-Nanterre-La Défense, ad esempio, le risorse della facoltà di giurisprudenza sono molto limitate.

La mancanza di risorse di segreteria fa sì che gli studenti, raramente informati dell'assenza dei professori, si muovano inutilmente e restino davanti alle aule o alle aule vuote prima di decidere di andarsene. Al di fuori dei casi in cui il tutoraggio è stato effettivamente implementato, nessuno tiene traccia dell'istruzione di uno studente universitario, che di solito è anonima per l'amministrazione e la maggior parte dei docenti. Lo shock è quindi violento per gli studenti abituati, al liceo, a un follow-up puntuale (sms inviati alla famiglia in caso di assenza, discussioni sull'orientamento con il docente principale, docenti frequentemente raggiungibili tramite messaggistica). Ciò porta i college a emanare regole brusche, come "più di tre assenze e lo studente è dichiarato moroso", indipendentemente dai motivi.

È più complicato procurarsi un videoproiettore per insegnare alla Sorbona che in un collegio di periferia; L'ho sperimentato. Le università non hanno più neppure i mezzi per accogliere chi vi si rivolge. Sono molti gli studenti che vengono respinti in corsi non ancora selettivi, e sono costretti a optare per un'altra università o un altro corso. I funzionari stanno cercando di convincere gli studenti ad iscriversi al terminal control, cioè a rinunciare alle lezioni in piccoli gruppi con controllo continuo, al fine di ridurre il numero di insegnanti da pagare, che sono anche difficili da trovare.

A causa della mancanza di mezzi, sono preferite le lezioni in auditorium. Al momento in cui sono disponibili online, questa forma di insegnamento sembra obsoleta. Non consente agli studenti di interagire, di testare la loro comprensione delle cose, di discutere la domanda posta. Anche il contatto fisico, con lo sguardo, i movimenti, le modulazioni della voce, che tanto fanno per mantenere l'attenzione del pubblico, scompare quando i numeri sono troppo grandi e l'insegnante è inchiodato al suo banco dalla necessità di parlare in un microfono fisso.

L'università è spesso noiosa. I corsi non sono pensati per interessare gli studenti, ma per formare i futuri dottorandi che succederanno ai docenti in carica. Su Le Monde, Pierre Alary, che insegna all'università dopo aver lavorato per tre anni in una business school, lo conferma: "La logica di una business school è diversa da quella di un'università. [...] Queste scuole private si preoccupano del feedback degli studenti, i corsi devono piacergli, interessarli. Ma l'economia spiegata dai modelli matematici li annoia e non c'è niente di meglio per svuotare le aule! Sentiamo lo stesso tipo di critica nella scienza o nelle lingue. Di fronte a un corso soporifero o eccessivamente teorico, tutto ciò che gli studenti possono fare è non frequentare, il che non ha conseguenze immediate. Ho anche,

Gli studenti universitari fanno stage molto meno spesso che altrove. Inoltre, l'istituzione fa ben poco per aiutarli a trovarlo. Uno studente che ha trovato uno stage attraverso un rapporto personale mi ha raccontato che per lui è stato molto difficile trovare come far approvare la convenzione di stage dall'università. Tuttavia, l'anno universitario finisce spesso alla fine di maggio, il che lascia molto tempo per fare uno stage, mentre si prendono le vacanze. L'assenza di uno stage è ovviamente penalizzante quando si tratta di trovare a lavoro, sia in termini di esperienza che di relazioni. È vero che l'ingresso nel mondo del lavoro è diventato così complicato in Francia che uno stage o un lavoro estivo sono ormai segni esteriori di ricchezza. A parte gli uffici degli studenti delle Grandes Ecoles, posizioni interessanti si ottengono attraverso relazioni personali, che ovviamente favoriscono gli studenti i cui genitori sono ben inseriti.

Inglese parziale in un'università dell'Ile-de-France. Diverse centinaia di studenti di economia, management e matematica applicata affollano l'anfiteatro. I tre docenti incaricati dell'organizzazione distribuiscono le materie, che si differenziano a seconda della formazione seguita, e supervisionano al meglio la prova, visto che sono troppo poche e non possono circolare agevolmente nelle baie. Al termine della prova, i candidati si mettono in fila per restituire il foglio. Uno di loro si avvicina al supervisore, che indica il suo elenco e lo copia: "Merda! Sei in economia e ti è stata assegnata la materia destinata alla matematica applicata. Lui alza le spalle. " Bene. Troveremo una soluzione. »

L'organizzazione degli esami è spesso carente all'università. Questo è un altro aspetto della mancanza di risorse. Avendo sentito ex studenti lamentarsene, ho approfondito le materie poste alla fine del primo anno di economia, disciplina che conosco. Sono rimasto scioccato da quello che ho visto. Nella micro-come nella macroeconomia, in questa università [8], gli esami assumono prevalentemente la forma di domande a scelta multipla (MCQ). Apparentemente di recente adozione, questa forma di esame presenta un evidente vantaggio in termini di tempo di correzione: occorrono in media dai quindici ai venti minuti per correggere una dissertazione, ma solo trenta secondi per un MCQ. Gli economisti mettono così in pratica la nozione di guadagno di produttività del lavoro che insegnano!

Gli MCQ permettono di verificare l'acquisizione delle conoscenze... e basta: nessuna riflessione, nessuna scrittura, nessuna sintesi. È quindi possibile avanzare negli studi di economia senza una formazione per scrivere e costruire ragionamenti. Anche la padronanza degli strumenti matematici è molto difficile da valutare con un MCQ: in una domanda di calcolo si noterà un ragionamento ben condotto concluso da un minimo errore di calcolo così come una totale impossibilità di iniziare l'esercizio.

Il grosso problema con gli MCQ è che è sempre possibile guadagnare punti controllando le risposte in modo casuale. Logicamente, una scimmia che digita a caso su una tastiera dovrebbe ottenere la media se ha il

scelta tra due risposte e 5/20 se ci sono quattro possibili opzioni. Ovviamente si possono sempre introdurre punti negativi per penalizzare gli errori, secondo la "bella" abitudine francese che invita a non rispondere per paura di sbagliare. Questo è quello che offre questa università, con il grosso inconveniente che lo studente che ragiona correttamente e sbaglia stupidamente il calcolo finale ottiene meno punti di quello che coraggiosamente non risponde alle domande difficili.

Sarebbe tuttavia possibile procedere diversamente. La notazione dovrebbe essere adattata per tenere conto del fatto che una persona che risponde a caso avrà inevitabilmente poche risposte corrette, offrirà almeno quattro opzioni di risposta e prevederà un numero elevato di domande (almeno cinquanta), al fine di limitare risposte corrette. . Tuttavia, gli MCQ di questa università pongono solo venti domande e spesso offrono solo due o tre opzioni di risposta, una delle quali a volte è così grottesca da essere necessariamente eliminata (e che lo studente ha la sensazione di essere preso per uno sciocco). Gli argomenti spesso contengono errori di ortografia o errori dovuti al copia/incolla troppo veloce. Le affermazioni non specificano le ipotesi alla base del ragionamento che deve essere fatto (il che aumenterebbe di dieci volte la dimensione delle affermazioni,

Questo stato di cose può facilmente dare agli studenti la sensazione che la valutazione sia casuale e soprattutto organizzata a un costo inferiore.

I "nonostante noi": studenti per difetto e falsi studenti

Secondo un'indagine del Ministero, il 38% degli studenti del primo anno avrebbe preferito un altro orientamento [9]. Questa percentuale sale al 52% tra i possessori di baccalauréat tecnologico o professionale, il che non è davvero sorprendente. Spesso questi ultimi sono all'università perché il loro scarso curriculum accademico non ha permesso loro di accedere a STS. Ma come immaginare che studenti ritenuti troppo deboli per riuscire in una formazione didattica molto concreta finalizzata all'integrazione professionale a livello bac + 2 riescano a conseguire le licenze universitarie? Tanto più che arrivano lì in pessime condizioni psicologiche.

È vero che tutte le altre formazioni sono, in un modo o nell'altro, selettive. I laureati respinti possono sempre trovare un posto dove stare in collegio, ma senza averne veramente voluto; e non è sicuro che abbiano un livello di istruzione adeguato. In teoria tutti i laureati hanno un livello sufficiente, poiché la capacità di seguire le lezioni è sancita dall'esame. Questa presentazione delle cose non riflette la realtà. Anche la nozione di diploma di maturità professionale è un ossimoro: questo diploma prepara all'integrazione professionale immediata, mentre il diploma di maturità convalida la possibilità di seguire l'istruzione superiore.

In linea di principio, gli studi più lunghi sono i più astratti e spesso i più difficili. Ma i corsi brevi spesso attraggono studenti migliori rispetto agli studi universitari, a causa della loro selettività. Studenti assurdamente, ben organizzati, indipendenti, capaci di prendere appunti in modo efficiente, si ritrovano negli IUT per prepararsi al baccalaureato + 2 beneficiando di una solida supervisione (più di venti ore settimanali in numero ridotto), mentre gli studenti meno preparati dovrebbe cercare di sfruttare le lezioni e preparare autonomamente una sessione di esercitazione da un elenco di esercizi o da una bibliografia. In effetti, i bravi studenti delle scuole superiori optano per uno IUT. Ci vanno non tanto per il DUT quanto per essere seguiti meglio che all'università e poi prepararsi per una laurea o per l'ammissione parallela a una Grande Ecole. Sandrine, una delle mie uniche studentesse di modeste origini, mi spiega che dopo il diploma di maturità (con lode), è andata allo IUT perché si sentiva un po' fragile per la preparazione. È felicissima, lavora molto e punta a un'ammissione parallela alla scuola di economia dopo il diploma.

In sintesi, visto il pubblico che accoglie, l'università dovrebbe avere molte più risorse per le matricole rispetto ad altri corsi e concentrarle su questo livello. Sta accadendo esattamente il contrario. Danno.

In alcuni casi, i primi anni della laurea triennale sono parassitati anche dai "falsi studenti", giovani disoccupati di estrazione modesta che si iscrivono all'università per beneficiare di borse di studio e protezione sociale. Questo problema si concentra nelle università dei quartieri popolari, ad esempio a

Parigi-VIII-Saint-Denis e Parigi-XIII-Villetaneuse nella regione parigina, Lille-III o Toulouse-Le Mirail. Un servizio di Le Monde descrive la situazione a Perpignan [10] : tra un quarto e la metà degli elaborati restituiti durante gli esami del primo anno sono in bianco.

Pur non avendo intenzione di seguire i corsi, questi finti studenti il più delle volte si iscrivono a discipline che sembrano loro accessibili, a sociologia, psicologia o AES (amministrazione economica e sociale), piuttosto che a quelle classiche. , economia o matematica. Pertanto, sono numerosi. Obbligati a presentarsi ai parziali, lasciano l'aula il prima possibile, dopo aver firmato il foglio presenze e restituito una copia in bianco. A volte interrompono il test. Devono inoltre frequentare i tutorial, perché l'esclusione è automatica dopo tre assenze durante il semestre (che in realtà dura una decina di settimane). Il loro atteggiamento contribuisce a smobilitare gli altri studenti ea infastidire gli insegnanti: controllano i telefoni, tengono le cuffie, dormono sui tavoli , ecc . [11] .

Non è un problema nuovo. Me lo aveva già descritto un amico insegnante di Lille negli anni '90. Ma da allora è cresciuto. La quasi assenza di RSA (reddito di solidarietà attivo) per gli under 25 e l'alto tasso di disoccupazione giovanile spiegano questo stato di cose, ma non lo rendono più tollerabile. Studenti e insegnanti risentono della situazione, che appesantisce l'atmosfera dei corsi e le percentuali di successo. Questo incoraggia anche le università a limitare le risorse dedicate alle matricole, per riservarle agli studenti "veri". Tuttavia, i nuovi arrivati sono quelli che hanno più bisogno di sostegno. Sarebbe possibile risolvere il problema richiedendo un voto minimo per accedere al secondo semestre o, almeno, per ripetere. A dire il vero, lo Stato sembra sopportare una situazione che consente, a basso costo, di affrontare il problema dei giovani senza lavoro e senza qualifica, togliendoli dalle statistiche sulla disoccupazione in cambio di una protezione sociale e di un minimo reddito. A discapito dell'autostima di questi giovani e delle condizioni di lavoro all'università.

Consideriamo per un momento la situazione di questi giovani. Perché si iscrivono a discipline legate al diploma di maturità che hanno superato, se non perché la loro iscrizione è in parte grave? Interrogati dai giornalisti, affermano di essere lì solo per la borsa, che a loro non interessano

" studi buffoni " che non portano a nulla, ecc. Ma si può dubitare della sincerità di questo discorso cinico e distaccato e immaginare, al contrario, che questi giovani si iscrissero sperando di trovare interesse ai corsi e di ottenere risultati corretti. Di fronte a un insegnamento che non parla loro, avrebbero sviluppato, solo in un secondo tempo, questo discorso difensivo, che evita di mettere in discussione la loro capacità di successo. Insomma, sarebbero meno profittatori del sistema che vittime del suo malfunzionamento.

Durante le discussioni con gli studenti delle scuole superiori, la questione dell'identità dei corsi d'acqua emerge con insistenza. Gli studenti vedono abbastanza bene cos'è una scuola di management o ingegneria ea che tipo di professione si aprono. BTS e DUT hanno titoli specifici. Ma a cosa porta una laurea in matematica o in economia? Gli studenti non ne hanno idea e trovano molto difficile scoprirlo. Al massimo possono trovare, guardando bene, i titoli di master per i quali prepara una licenza. Al contrario, la formazione per opportunità (apparentemente) ben identificate come la giurisprudenza attrae molti studenti, nonostante gli alti tassi di fallimento.

Per mancanza di una strategia chiara, gli studenti spesso scelgono quindi una materia che hanno imparato bene e che gli è piaciuta al liceo. Ma non è la stessa cosa amare l'inglese e studiare la lingua e la civiltà inglese in licenza, senza immaginare troppo quale possa essere il risultato. Questo è ancora più vero in economia, dove lo studente del primo anno fa principalmente matematica applicata, senza alcun legame con i corsi dell'ultimo anno sulla crescita o sulla disoccupazione.

Nonostante gli sforzi reali, le università spesso costruiscono ancora modelli di diplomi in base alla formazione dei futuri dottorandi e agli interessi locali ("deve essere creato un corso di licenza per il signor Lefèvre"). L'adeguamento dei diplomi al mondo del lavoro è insufficiente e lento, mentre le esigenze del sistema economico cambiano rapidamente. Pertanto, per soddisfare la forte domanda di competenze duali (informatica e gestionale, ingegneria e giurisprudenza, ecc.), i doppi curricula dovrebbero essere un punto di forza dell'università, che dispone di un'ampia varietà di competenze. Ma il ripiegamento su se stesso di ciascuna formazione ne rallenta lo sviluppo. Un amico mi ha spiegato che non poteva organizzare il doppio corso che stava valutando perché il dipartimento di giurisprudenza si rifiuta di esonerare i suoi studenti, che sono molto bravi e poco numerosi,

I ♥ Università di Versailles-Saint-Quentin-en-Yvelines

La questione dell'identità nasce anche dal fatto che l'università non ha un marchio, con qualche eccezione. Tuttavia, i marchi sono fondamentali per orientarsi nella macchia della formazione. Ad esempio, è difficile dire a quali professioni porti Sciences Po Paris, data la frammentazione, per non dire la confusione, dei master ivi disponibili. Ma Sciences Po è un marchio forte, che l'Istituto propone anche a discapito della denominazione ufficiale di Istituto di Studi Politici, non esitando a intraprendere azioni legali contro gli atenei che inavvertitamente utilizzano tale denominazione sociale.

Le università cercano di creare marchi, ma non sono aiutate da nomi come Bordeaux-IV o Grenoble-II. Paris-X è stata ribattezzata Paris-Ouest-Nanterre-La Défense per associare il suo nome a quello del quartiere degli affari (dove si tengono alcuni corsi) e per sostituire Paris-Ouest a Nanterre, sinonimo di molti studenti delle scuole superiori. , focolaio della sinistra internazionale e periferia disagiata e vagamente inquietante. C'è ovviamente molta strada da questa immagine alla realtà del reclutamento piuttosto borghese a Nanterre, soprattutto in diritto ed economia, ma prevale il potere dell'immagine. Tuttavia, il compromesso scelto è troppo confuso per migliorare le cose.

Anche quando l'università gode di un nome prestigioso, non sempre lo gestisce bene. La Sorbona fornisce un esempio spettacolare. Conosciuto in tutto il mondo, il marchio "Sorbonne" è indossato da tre diverse università, il che non ne incoraggia l'uso o l'identificazione. Valutato circa un miliardo di euro dall'Agenzia statale per il patrimonio immateriale, è stato parzialmente venduto all'Università Paris-Sorbonne-Abou Dhabi. Nata nel 2006 da un accordo tra Paris-IV e il governo di Abu Dhabi, ha il monopolio della denominazione Sorbonne nel Vicino e Medio Oriente. In realtà, Paris-IV è un po' avanti, dato che il nome appartiene di diritto alla cancelleria delle università di Parigi. Ma quando Parigi-I ha provato a mettere in piedi progetti con il Qatar e il Bahrein, questi sono stati bloccati ai massimi livelli dello Stato, per motivi diplomatici: impossibile rimettere in discussione l'accordo concluso senza offendere i vertici di Abu Dhabi. Tuttavia, alcuni funzionari sono stati commossi dal rischio di offuscare l'immagine della Sorbona in una "università delle sabbie" che ha pochi studenti e professori fissi. Infine, i benefici economici dell'accordo sono molto limitati, a differenza del Louvre Abu Dhabi (il marchio "Louvre" è stato venduto per trent'anni e 400 milioni di euro).

Rimane il problema della selezione. La massificazione dell'istruzione secondaria porta a una concorrenza sfrenata nell'istruzione superiore. Circa l'80% di una fascia d'età può diventare studente, contro il 30% di trent'anni fa. La concorrenza si sviluppa in un contesto confuso, segnato sia da un rapido innalzamento del livello di qualificazione dei giovani sia da una debole creazione di posti di lavoro qualificati. Questi movimenti contrari abbassano il valore dei diplomi. Per raggiungere la stessa posizione sociale dei suoi genitori bisogna essere armati di un diploma molto più alto. Ne sono consapevoli sia i bambini che i genitori, tanto più che il marketing delle aziende di sostegno e istruzione insiste sulla difficoltà di esami e concorsi, mentre i media accennano con noncuranza alla disoccupazione giovanile. [12], che tuttavia colpisce molto meno di altri i laureati. Questa competizione alimenta un'incertezza stressante per i giovani così come per i loro genitori. A parte i bravissimi studenti, che seguono la strada maestra che porta alle Grandes Ecoles, oggi come ieri il rischio di declassamento è reale. Anche con una buona situazione, i genitori sono spesso stipendiati. Possono fornire sostegno finanziario, intellettuale ed emotivo ai loro figli, ma non possono fornire loro un impiego. Non hanno quindi la certezza che i loro figli avranno successo altrettanto o meglio di loro senza un ottimo diploma.

La paura del declassamento colpisce la classe media e alta borghese, dagli ingegneri di produzione agli insegnanti, dai tecnici ai capisquadra, dalle infermiere alle segretarie, dagli impiegati di banca ai macchinisti. Il sociologo Louis Chauvel ne ha indicati [13] che il fallimento dell'ascensore sociale era permanente. La generazione dei 25-35enni fatica a raggiungere le posizioni professionali degli anni Cinquanta, cioè la generazione dei genitori.

La sfida è dunque distinguersi dagli altri, secondo quella che gli economisti chiamano la "teoria del segnale". Il più ovvio è prendere un percorso selettivo, che indicherà un certo livello di abilità. Del flussi d'élite rimangono per studenti molto bravi. Ma per gli altri, tutti quelli che hanno certe capacità accademiche, ma non andranno a una scuola propedeutica, Politecnico ed ENA? I flussi selettivi esistono a tutti i livelli e vengono presi d'assalto quando sembrano garantire l'accesso al lavoro.

L'unico settore non selettivo è l'università, di conseguenza trascurata, se non per mostrarsi selettiva: il 20% dei possessori di un baccalaureato S sta ora provando medicina, contro il 12% quindici anni fa. L'Università tecnologica di Compiègne o Paris-Dauphine non hanno problemi di reclutamento, né doppie licenze. In diritto, fioriscono le iniziative per creare una formazione selettiva simile alle Grandes Ecoles: Paris-II-Assas presenta il suo master in diritto commerciale come "una Grande Ecole all'interno dell'università". Lì le tasse universitarie sono molto alte (15.000 euro all'anno)... e gli stipendi iniziali sono stratosferici. Toulouse-I sta preparando una Scuola Europea di Giurisprudenza ed evoca la possibilità di pagare titoli universitari (DU). Ma questi corsi offrono solo un numero estremamente limitato di posti,

Capitolo 5 Note

1. Peter BOURDIEU, "Capitale sociale, note provvisorie", Atti di ricerca sulle scienze sociali, n. ᵒʰ 31, 1980.

2. http//Etudiinfo.com, 13 gennaio 2014.

3. Muriel DARMON, Lezioni *preparatorie. La realizzazione di una giovinezza dominante* , Discovery, Parigi, 2013, p. 248.

4. Michael PINCON e Monique P.INCON-VSHARLOT, Sociologia della borghesia, La Découverte, Parigi, 2007 (3 ed ed.), p · 86.

5. Peter DUBOIS, "Licenza: il cinismo del SUP privato", sul blog Histoires d'universités, 2014, https://histoiresduniversites.wordpress.com.

6. CONTI VSOUR, Il Settore e il *luogo della formazione* , giugno 2012. Per confronto, questo rapporto è di circa un insegnante ogni undici studenti di una scuola superiore.

7. Questa è Parigi Ovest. Dopo aver pubblicato un post su questo tema, ho ricevuto diverse reazioni da parte di accademici che dicevano che non era così nella loro università.

8. "Nuovi diplomati iscritti alla licenza all'inizio

dell'anno accademico 2011", Nota informativa, n °ʰ 12.07, Ministero dell'Istruzione Superiore, luglio 2012.

9. Pascale KREMER, "L'università di fronte a un afflusso di "falsi" borsisti", Le Monde, 27 maggio 2013.

10. Commenti ascoltati su Parigi-XIII, corroborati dal sondaggio di Le Monde (ibid.).

11. Con il tasso di disoccupazione giovanile al 24%, si sentono spesso i presentatori affermare che il 24% dei giovani è disoccupato, il che ovviamente non è vero. In realtà, il 7,5% di tutti i giovani tra i sedici ei ventiquattro anni (e non solo la popolazione attiva) è disoccupato.

12. "Le nuove generazioni di fronte al prolungato fallimento dell'ascensore sociale", Revue de l'OFCE, n°h 96, gennaio 2006, p. 35-50.

6

Il grande balzo in avanti delle scuole paritarie

"L'iscrizione al Cours Molière presuppone l'accettazione senza riserve del regolamento interno della scuola: abbigliamento adeguato richiesto (vietato jogging e cuffia), [...] uso di laptop/Ipod/mp3... formalmente vietato [1]. »

I I Vent'anni fa fui chiamato dal mio preside, arrivato da poco da un grande liceo di Rennes. Avevo chiesto un'autorizzazione cumulativa per dare alcune ore di lezione in una preparazione privata, generalmente concessa senza problemi. "Non posso firmarlo per te", mi ha detto. Da dove vengo io, il settore privato ruba i nostri migliori insegnanti e i nostri migliori studenti. Ho combattuto contro questo per tutta la mia carriera. Quindi non posso accettare che tu vada in privato. È contro i miei principi. Sono rimasto sorpreso perché, al di fuori della Bretagna, il conflitto ideologico tra la scuola della Repubblica e quella dei preti sembra appartenere al passato. Da allora gli istituti privati convenzionati sono stati integrati nel servizio pubblico di istruzione. Ma il conflitto tra privato e pubblico riappare sotto altra forma,

Gli istituti privati hanno sempre più alunni, dalla scuola materna all'istruzione superiore. Monopolizzano oggi i primi posti delle classifiche di college e licei. Contestano la supremazia dei grandi licei nella scuola preparatoria. Si va verso una scuola a due velocità, identificando l'eccellenza con la scuola pagante? Tale rischio è tanto maggiore in quanto, accanto al privato non profit, si sta affermando un settore privato commerciale, con una forte presenza nella preparazione dei concorsi e nella formazione professionale. Al di fuori di poche scuole grandi, senza scopo di lucro ma costose, è questa privacy commerciale che rappresenta la più grande minaccia di discriminazione monetaria.

Dall'asilo

L'asilo è una di quelle cose che il mondo intero dovrebbe invidiare. Comunque sia, è certo che l'istruzione precoce promuove l'apprendimento. Riduce le disuguaglianze davanti alla scuola, lo dimostrano tutti gli studi. Per inciso, risolve anche alcuni problemi di assistenza all'infanzia. Per questo, anche se la scuola non è obbligatoria prima dei sei anni, lo Stato ha assicurato, da vent'anni, che tutti i bambini di tre anni vadano all'asilo.

Tuttavia, in molti comuni, ti aspetta una spiacevole sorpresa se provi ad iscrivere tuo figlio di due anni. La scolarizzazione biennale è infatti crollata, passando dal 35% del 2000 all'11% all'inizio dell'anno scolastico 2012. Quello che è successo? Il numero di bambini dai due ai cinque anni è aumentato rapidamente negli anni 2000. Ulteriori classi avrebbero dovuto essere aperte per ospitare altri 350.000 bambini, con un aumento di

10%. Questo sforzo non è stato fatto. Poiché il governo è impegnato ad accogliere tutti i bambini di tre anni, sta diminuendo la scolarizzazione a due anni, per liberare posti per i bambini più grandi. Fino al 2005, la popolazione scolastica è aumentata in modo insufficiente. Successivamente, lo sforzo è stato interrotto e il numero di bambini che frequentano la scuola materna è diminuito.

A questa carenza si aggiungono enormi disuguaglianze nella distribuzione delle risorse. Così, il 49% dei bambini di due anni ha un posto all'asilo in

Lozère, ma solo... il 5% a Seine-Saint-Denis, secondo un rapporto della Corte dei conti. Un bambino su venti! Dove questa scolarizzazione sarebbe la più necessaria, perché lì le famiglie sono spesso indigenti, materialmente e culturalmente, è la meno sviluppata. Vi si legge la debole capacità dei più poveri di influenzare le scelte pubbliche, ma anche uno squilibrio tra città e campagna. In Francia, la spesa per bambino è molto più alta nelle zone rurali. È infatti politicamente difficile chiudere classi o scuole nelle aree rurali che si stanno spopolando, con il rischio di imporre lunghe distanze di trasporto a scolari o studenti universitari.

Come previsto, questa stretta fiscale spinge le famiglie a rivolgersi al settore privato. Mentre oggi l'11% dei bambini di tre anni va al privato, come dieci anni fa la quota privata del biennio scolastico è passata dal 18% al 24%. Per le famiglie, questo rappresenta una spesa aggiuntiva. Allo stesso tempo, dobbiamo sottolineare il ruolo positivo delle scuole paritarie, che rispondono a un bisogno reale, che non è più adeguatamente curato dalle scuole pubbliche. Per inciso, si noti che il risparmio di bilancio che lo Stato spera di ottenere riducendo la sua offerta è in parte illusorio, poiché la maggior parte dei costi delle scuole private, cioè la retribuzione degli insegnanti, ricade su di esso.

Al college, il settore privato sta progredendo molto poco. Uno studente su cinque ha studiato lì nel 2013, che rappresenta 690.500 studenti, un leggero aumento dal 2000. A livello di scuola superiore, il settore privato è aumentato dal 20% al 22% nello stesso periodo, un aumento significativo. Gli istituti privati sono concentrati in poche regioni: istruiscono più di un terzo degli studenti a Parigi e più della metà in Vandea. Si tratta generalmente di bambini provenienti da ambienti privilegiati: il 36% degli studenti privati al college e il 46% al liceo hanno genitori dirigenti, imprenditori o insegnanti. Non a caso, notiamo che l'offerta privata è più concentrata sulle serie S ed ES, le più richieste, rispetto alle serie L o STMG (scienze e tecnologie del management e del management). Nel settore privato, il latino è studiato più spesso che nel settore pubblico.

Le dinamiche degli istituti privati si basano sui buoni risultati dei loro studenti, che non sono una novità. C'è sempre stata una tradizione di eccellenza in alcuni licei confessionali privati. Ma il fatto che questi stabilimenti dominino in modo schiacciante le classifiche è sconcertante. Dei 50 college con più laureati, 48 sono privati. I valorosi istituti pubblici che persistono nell'elenco sono due collegi a vocazione internazionale a Yvelines, il collegio franco-tedesco di Buc e il collegio internazionale di Saint-Germain-en-Laye. Delle 156 scuole superiori con il 100% di bac pass nel 2013, 143 sono scuole superiori private. E non sono lasciati fuori per quello che il ministero chiama valore aggiunto,

Questi istituti privati di eccellenza sono quasi tutti convenzionati con lo Stato: integrati nel servizio pubblico di istruzione, sono tenuti a rispettare programmi e orari nazionali; in cambio, gli stipendi degli insegnanti sono pagati dallo Stato, il che rende la scolarizzazione accessibile. Gli istituti non convenzionati, pochissimi perché iscrivono poche decine di migliaia di studenti, sono spesso destinati a studenti che si trovano a disagio con l'istruzione tradizionale o che ne sono esclusi a causa del basso livello dei loro risultati.

Stanno però arrivando sul mercato licei privati fuori contratto che puntano all'eccellenza. Oggi marginali, potrebbero prosperare, almeno a livello terminale, a causa dell'evoluzione delle strutture e dei programmi nazionali, poco adatti all'istruzione superiore. Ad esempio, dopo una serie di modifiche contrastanti, gli orari della storia e della geografia della serie S sono stati ridotti. La specialità matematica della serie ES non costituisce più un vero e proprio approfondimento. Gli studenti si avvicinano quindi all'istruzione superiore con delle lacune. Queste carenze invitano alla creazione di un terminale che combini matematica, economia e scienze umane, che corrisponde a molti corsi di istruzione superiore e non esiste nelle attuali scuole superiori.

Perché i dirigenti accettano di inserire i propri figli in un college privato, compreso il reclutamento popolare? Perché hanno la sensazione che lì il loro bambino sarà al sicuro, che la sua personalità sarà presa in considerazione e che i suoi progressi non saranno ostacolati. Lo conferma un sondaggio: che i genitori conoscano personalmente o meno l'istruzione privata, le prime qualità che riconoscono in essa sono l'accompagnamento degli alunni e la qualità dell'istruzione, seguite dal minor assenteismo degli insegnanti e dal numero ridotto di studenti per classe . Il successo dell'esame e il livello dello studente arrivano molto più in basso nell'elenco.

Che la qualità dell'istruzione fornita sia così spesso messa in evidenza è sorprendente. Infatti, gli insegnanti di queste scuole sono reclutati dagli stessi concorsi di quelli del pubblico... ma sono meno spesso certificati e tre volte meno spesso aggregati. Il loro livello accademico è quindi inferiore. Inoltre, è quasi altrettanto difficile per un'istituzione privata come per un'istituzione pubblica sbarazzarsi di un insegnante che non dà soddisfazione. Ci chiediamo quindi su quali criteri venga fatta questa valutazione da parte dei genitori. All'inizio sembra riflettere un'impressione soggettiva. In realtà, la forza del settore privato è quella di beneficiare di un maggior numero di personale non docente,

permettendo una sorveglianza più precisa degli alunni, per poter selezionare i propri alunni, per eliminare quelli il cui livello evidentemente non è adeguato, ma soprattutto per poter escludere i facinorosi.

Le strutture pubbliche trovano molto più difficile punire o escludere le persone dirompenti. I rettori ordinano quindi sistematicamente alle scuole secondarie di evitare i consigli di disciplina. Certo, l'esclusione – sempre seguita dalla scolarizzazione in altro istituto, ricordiamolo – è una sanzione forte, ma colpisce notare che gli interessi degli altri alunni non vengono quasi mai presi in considerazione. Sotto questa pressione della loro gerarchia, alcuni presidi si oppongono agli insegnanti che affermano di poter lavorare e di godere di una certa autorità. Ho così visto un preside opporsi all'esclusione di un allievo che ha agganciato un suo compagno di classe a un attaccapanni e, in un'altra occasione, ha lanciato una sedia attraverso la classe, che si è schiantata contro il muro proprio sopra la testa di un compagno. Il dirigente scolastico ha ritenuto più opportuno iscrivere i docenti della classe a un corso di due giorni sulla "gestione degli studenti violenti". Non puoi immaginare un simile atteggiamento nel settore privato.

Da un'indagine del 2011 è emerso che i maggiori motivi di preoccupazione dei genitori nei confronti dei propri figli riguardavano fortemente la scuola: si trattava di racket, aggressioni e giochi pericolosi (gioco del velo, ecc.) [2]. Notiamo anche l'importanza data alla trasmissione dei valori tradizionali, punto di forza della scuola paritaria per un terzo di coloro che vi affidano i propri figli. Nella scuola media la richiesta dei genitori riguarda quindi in primo luogo la cura e la considerazione del proprio figlio. Il suo benessere, la sua educazione, la sua sicurezza, l'attenzione alla sua personalità precedono le prestazioni, soprattutto per i bambini piccoli. Chiaramente, cresce il dubbio sulla capacità delle istituzioni pubbliche di rispondere a queste richieste.

Man mano che gli studenti invecchiano, l'istruzione ha la meglio sull'istruzione. Gli stabilimenti privati sono molto attenti ai loro risultati; a volte troppo, come mostra il seguente aneddoto. Sono stato incuriosito un giorno, in una giuria di diploma di maturità che ho presieduto [3], dal fatto che diversi candidati liberi hanno ottenuto una "buona" menzione. Tuttavia, i candidati indipendenti sono generalmente studenti che hanno fallito più volte l'esame e hanno un livello molto basso. Ho quindi consultato i fascicoli di questi candidati e ho notato che provenivano tutti da un'istituzione prestigiosa, la Maison d'éducation de la Légion d'honneur, che aveva preferito non presentarli a suo nome per non rischiare con il delusione di prova inferiore che avrebbe potuto scolorire la sua posizione. La storia è vecchia e le pratiche potenziali sono cambiate in questa fondazione. Tuttavia, numerose scuole secondarie riservate lo fanno; che relativizza gli splendidi esiti citati in precedenza.

Santuari di grandezza della scuola conservatrice, le classi preliminari per le Grandes Ecoles sono da sempre privilegio delle enormi scuole secondarie pubbliche, in particolare a Parigi. Questa incomparabilità viene attualmente sovvertita. Dal posizionamento distribuito da L'étudiant, mi sono concentrato sulla sintesi delle dieci migliori classi preliminari in ciascuna delle sei aree che hanno portato alle gare significative nel 20156. Les prépas publiques dominent reprise : elles représentent entre sept et neuf des dix meilleures prépas littéraires, sept des dix meilleures prépas scientifiques, entre due et quatre des meilleures prépas commerciales. Mais le privé sous contrat lié à certi ordini religiosi est en hausse. Lui aussi bénéficie d'une longue custom d'excellence et il propose souvent des conditions d'encadrement oltre agli attenti à chaque élève que les grands lycées parisiens. Le lycée Sainte-Geneviève fête ainsi child centenaire avec une première place en prépa scientifique.

La domanda crea offerta

Nell'istruzione superiore, l'evoluzione è ancora più chiara. L'80% dell'aumento del numero di studenti negli ultimi dieci anni è legato alla formazione privata [4]. Questi ora iscrivono il 18% degli studenti, rispetto al 13% nel 1990. In scienze, tra il 2004 e il 2012, il numero di studenti è diminuito all'università al di fuori della medicina ed è aumentato del 40% nelle facoltà di medicina. ingegneri non universitari e, in particolare, il 45% nel settore privato. Le debolezze dell'università (si veda il capitolo precedente) aprono prospettive di sviluppo anche per il settore privato. Pertanto, il corso privato Clapeyron ha firmato un accordo con Paris-Ouest nel luglio 2014 che consente ai suoi studenti di essere ammessi direttamente al secondo anno di economia-gestione presso questa università. Seguire questi corsi in un piccolo gruppo costa 4.880 euro all'anno [5].

Le scuole private prosperano dove c'è domanda. Ciò è alimentato da due distinte motivazioni: l'accesso al lavoro ei gusti dei giovani.

Quale modo migliore per illustrare l'attrattiva dell'occupazione se non con il caso delle badanti? Questa professione è relativamente poco qualificata, poiché non è necessario avere il diploma di maturità per esercitarla. È mal pagata: secondo l'INSEE, solo un quarto delle badanti guadagna più di 1.500 euro al mese, e la quota di contratti precari è alta. È doloroso: il lavoro consiste nell'aiutare i malati a lavarsi, spostarli, portare loro i pasti, controllare il loro stato di salute, sotto l'autorità degli infermieri. L'assunzione avviene tra titolari di un diploma statale, cosa non molto agevole, visto il livello iniziale di formazione dei candidati. Tuttavia, le quattrocento scuole che preparano a questo diploma sono costose (tra i 2.000 e i 5.000 euro per sei-dieci mesi) e sono piene. La ragione ? Un tasso di disoccupazione inferiore al 3% per questa professione considerata "sotto pressione" dall'indagine annuale sul fabbisogno di manodopera, il che fa temere carenze nel 2015.

L'accesso al lavoro vale oro in una società soffocata dalla disoccupazione. Le irragionevoli tasse universitarie che le famiglie a basso reddito sono disposte a pagare sono commisurate alla loro preoccupazione per il futuro dei loro figli.

La situazione è più o meno la stessa per gli ausiliari dell'infanzia, con in più l'attrattiva di una professione orientata ai bambini. Si moltiplicano le scuole private per preparare i concorsi in tutte le professioni paramediche, posti di lavoro sicuri e di buona immagine, se non ben pagati.

Le développement des STS privées s'inscrit en la même logique de formations professionnelles donnant accès à l'emploi. Mais elles bénéficient d'une concurrence faussée avec leurs homologues publiques, ce qui compense en quelque sorte leur coût élevé (autour de 4 000 euros par an pour un BTS informatique, par esempio). In effetti, les quotas introduits en 2014 par le ministère dans les STS publiques en faveur des bacheliers professionnels et technologiques écartent les bacheliers généraux, qui, pourtant, sont souvent les meilleurs éléments de ces classes. N'étant pas concernées par ces quotas, les STS privées récupèrent ces bons étudiants et obtiennent de très bons résultats.

La lunga tradizione di questi stabilimenti, pubblici e privati, rende particolarmente degna di nota l'irruzione, in questo circolo ristretto, di esercizi privati senza contratto. Di recente creazione, questi istituti sono penalizzati da una retta molto più costosa (dagli 8.000 ai 9.000 euro circa l'anno) rispetto ai licei privati convenzionati. Sono comunque riusciti a trovare un posto al sole, poiché IPESUP è di gran lunga la migliore preparazione economica e commerciale in Francia. In quest'area, la preparazione a scopo di lucro ora domina le classifiche e non sarebbe sorprendente se questo sviluppo

estende ; tanto più che i corsi propedeutici più avanzati e costosi hanno spesso numeri piccoli, il che li esclude dalle classifiche, che domineranno quando avranno ampliato il loro numero.

Va notato che il peso del settore privato nei vari settori è proporzionale alla redditività dei diplomi in termini di stipendio iniziale. Ma la specificità delle preparazioni economiche e commerciali deriva anche dal fatto che portano a pagare le scuole. La cultura di questo settore è stata quindi a lungo compatibile con tasse universitarie elevate.

Come riescono le preparazioni private fuori contratto a convincere i genitori a pagare quando c'è una buona offerta libera? Perché gli studenti eccellenti dovrebbero pagare quando hanno ottime possibilità di entrare in una buona scuola attraverso la migliore preparazione gratuita ? La risposta è semplice: bisogna essere all'avanguardia, un posto che IPESUP ha conquistato nella preparazione economica e commerciale. Per raggiungere questo obiettivo, sapendo che non sono le buone scuole a fare buoni studenti ma il contrario, IPESUP ha sistematicamente prospettato. Fino al 1995 la preparazione commerciale durava un anno. Molti studenti hanno ripetuto quest'anno dopo essere stati idonei e aver fallito l'orale. Hanno quindi avuto ottime possibilità, con un anno in più e forti della loro esperienza, di integrare le migliori scuole un anno dopo.

Cap Higher Education non ha proceduto altrimenti per passare dal tutoraggio all'organizzazione di un anno propedeutico. Nel 2013 l'azienda ha lanciato Cap Cube, allestimento specifico per i ripetitori del secondo anno (il

" cubi "). La formula si basa sulla combinazione di lezioni nei locali della scuola, in numero ridotto a causa delle loro condizioni anguste, e lezioni a domicilio, una formula molto ben controllata che permette di giocare sui vantaggi fiscali e di sollecitare gli studenti a scuola. , significativamente più economico dei professori ordinari. Scegliendo bene i suoi studenti, Cap Cube ha ottenuto ottimi risultati dalla sua prima promozione, il che gli conferisce credibilità permettendogli di considerare la sua espansione.

Autre stratégie mise en place standard les prépas privées, mais qui semble être parfois utilisée aussi standard certaines prépas publiques (!) : le recrutement d'étudiants d'une autre filière que celle prévue standard les textes officiels. Depuis des années, certaines prépas réservées aux bacheliers ES ou STIDD (sciences et innovations de l'industrie) accueillent (illégalement) des bacheliers S. Pour maquiller cette entorse aux règlements, certaines prépas privées textual style repasser un

bac ES ai loro sostituti finanziari da S, che presenta pochi problemi per loro, dopo un periodo di prontezza e avendo solo i test di matematica, questioni finanziarie e sociologie da stampare. Questo modo di non stare al gioco impedisce agli interventi dello Stato di riequilibrare le aree e modificare le rappresentazioni. Questi piani petulanti, anche chiaramente illegali, sono una rappresentazione decente di ciò che accade a un quadro di aree di forza aperte per attirare grandi sostituti dissolvibili.

Scuole professionali

In forte crescita anche le grandi scuole private di economia e ingegneria. Il problema per queste aziende è la forte concorrenza delle scuole pubbliche o associative ad alto rendimento. Tentano quindi di tenere il passo con le nuove richieste dei datori di lavoro o di compensare i loro costi elevati con una minore selettività. I loro progressi a volte sono sbalorditivi: uno studente di ingegneria su tre ora frequenta una scuola privata, nonostante le scuole pubbliche siano quasi gratuite.

A differenza di prépas e lycées, gli istituti di istruzione superiore privati generalmente reclutano il proprio personale al di fuori dello Stato. Il loro statuto giuridico è vario: associazioni, società (spesso integrate in gruppi), strutture affiliate alle camere di commercio. Sono spesso a scopo di lucro. Sono finanziati dalle sole tasse universitarie, ma possono beneficiare anche dell'attribuzione della tassa di apprendistato alle scuole. Hanno quindi un particolare interesse a coltivare i loro buoni rapporti con le aziende.

Queste scuole private offrono una formazione professionale, che dia un buon accesso al lavoro o che corrisponda ai sogni degli adolescenti (pilota, veterinario, designer di videogiochi, stilista, ecc.). La formazione informatica, ad esempio, è incentrata su Internet, perché la formazione pubblica tradizionale è rimasta indietro nell'individuare i bisogni e perché i posti di lavoro su Internet attirano i giovani. Diverse business school si concentrano sul lusso, che consentirà ai giovani provenienti da ambienti molto agiati di migliorare la loro conoscenza personale della materia, il loro social network e la loro eccellente presentazione.

Creando una scuola di informatica con i propri soldi, il capo di Free, Xavier Niel, ha chiaramente dimostrato che le esigenze della sua azienda non erano soddisfatte dall'offerta esistente. Ovviamente i docenti di informatica delle università sanno che è necessario formare web designer, business architect,

smartphone , specialisti della sicurezza informatica, ecc. Ma i corsi universitari sono spesso lenti ad adattarsi.

La legge illustra bene la capacità delle scuole paritarie di investire in aree in cui si percepisce una carenza. Con la medicina, è l'unico settore professionale prestigioso in cui non esiste una grande scuola. Ma, negli ultimi anni, sono fiorite iniziative di ogni tipo per rimediare a questo. HEAD (School of Advanced Applied Law Studies) mobilita insegnanti di Parigi-I e professionisti al servizio dell'insegnamento multidisciplinare. Per 12.800 euro all'anno, questa scuola offre corsi di livello master in francese e inglese. Rilascia anche un LLM (diploma anglosassone, equivalente per la legge MBA). Attende il riconoscimento ufficiale che richiederà probabilmente qualche anno. Science Po Paris ha anche creato una scuola di diritto, nel secondo e terzo ciclo. Le principali business school offrono anche master in diritto commerciale. Queste iniziative costituiscono l'embrione di grandi scuole giuridiche

che verranno, che si vede saranno molto costose, pubbliche o private che siano. Anche la differenza tra i due è difficile da percepire.

Non si tratta quindi di negare l'utilità e l'efficacia delle scuole paritarie, ma di deplorare che i corsi di formazione più aderenti al mercato del lavoro siano così onerosi per le famiglie.

Lo sviluppo è molto forte anche nelle applicazioni dell'informatica all'istruzione. Il potere pubblico canalizza l'innovazione, a rischio di soffocarla. L'impossibilità da parte del Ministero della Pubblica Istruzione di introdurre, finora, il computer in classe ha invece aperto una strada alle iniziative private. Tuttavia, la Francia ha risorse per eccellere in questo settore: una brillante industria di software, videogiochi e servizi informatici, finanziamenti pubblici per la formazione continua, il coinvolgimento di attori pubblici come la Banca pubblica per gli investimenti (BPI) o l'università digitale francese (FUN).

La convergenza tra istruzione e IT sta avvenendo rapidamente per creare un'offerta di formazione online diversificata e innovativa. Sembra covare in Francia un ecosistema di tecnologie e-learning e didattiche, le "EdTechs", simboleggiate dall'espressione "French Touch Education" per analogia con l'unico movimento musicale francese che è riuscito ad esportare dalle Mauritius. Cavaliere o quasi. La conferenza organizzata da LearnAssembly nel dicembre 2014 è stata un buon esempio di questa convergenza:

relatori provenivano da grandi scuole (ESSEC, SKEMA [School of Knowledge Economy and Management], ecc.), start-up che offrono formazione online (Openclassrooms, 360 Learning, ecc.), certificazione (Cocertify, ProctorU), corsi di supporto (Acadomia) , giochi educativi (Magic Makers), app educative per smartphone e tablet (Myblee, EduPad, ecc.), ma anche istituzioni (BPI, FUN, ecc.), IT (Microsoft, Codewire, ecc.) o reclutamento (Link Humans) . Sorprendentemente, gli editori scolastici erano assenti.

Le aziende EdTech hanno originariamente preso di mira il mercato della formazione continua aziendale, che ha il merito di essere reale e solvibile. Ma si sono subito interessati ai giochi educativi, che le start-up francesi riescono a esportare negli Stati Uniti. Manca ancora un anello essenziale per investire la scuola: la dotazione generale degli alunni in computer o tablet.

Hanno venduto parte delle loro case di riposo a buone condizioni finanziarie e hanno reinvestito il capitale nell'acquisizione di scuole di informatica, sulla base dell'idea che le loro competenze nella costruzione e gestione di strutture di accoglienza pubblica potessero essere efficacemente applicate all'insegnamento. Ponendosi l'obiettivo di essere presenti in tutte le principali città per costruire un marchio, hanno fatto appello a un fondo di investimento per finanziare il loro sviluppo.

Non dovrebbe essere previsto che l'IT rimanga al di fuori delle fondamenta. La mia scuola secondaria, per esempio, ha un esercito di 450 PG, per 1.800 studenti di diversi livelli. In questo modo è possibile costruire raggruppamenti istruttivi utilizzando i PC, dato che si tiene una stanza specifica e che il tempo può essere aperto a programmi spesso completi. Tuttavia, è un cambiamento completamente unico passare all'informatica personalizzata. Autorizzo i miei studenti del primo e unico anno a prendere appunti su un supporto avanzato (PC, tablet, telefono con console esterna), ma appena la metà sfrutta questa porta aperta, sia perché non possono fare in molti altri corsi - infatti le linee guida interne ne vietano addirittura la fruizione - e sulla base del fatto che disporre di materiale di lettura informatizzato in tutti i formati sarebbe estremamente confuso. Mentre alcune fondazioni riservate sono andate fino in fondo, dotando gli studenti di una macchina piena di tutti i libri di testo verso l'inizio dell'anno, sembra essere difficile guadagnare terreno da queste parti senza una guida da specialisti locali o dallo Stato. . Questo potrebbe essere preso rapidamente, modificando i gradi significativi dei piani di spesa e riallocando totalmente le carte.

Da dove proviene il denaro?

Sempre più spesso, nell'indirizzare gli studenti delle scuole superiori verso l'istruzione superiore, i forum dei docenti, come quelli degli studenti, brulicano di domande scandite da sigle: "Quanto vale l'ESIA? », « Chi ha sentito parlare del CSFMG? », « Meglio andare al GEM o all'ESC Rennes? » Il tempo in cui l'orientamento doveva scegliere tra prepas e università è finito. Ma da dove vengono queste scuole private, che dieci o vent'anni fa non esistevano? Come hanno potuto sorgere così in fretta?

Sorprendentemente, i soldi per queste scuole private provengono prima dai fondi di investimento. L'istruzione sembra essere il nuovo Eldorado del private equity, quei fondi di investimento di fascia alta che hanno investito in cliniche e case di riposo. Anche il gruppo bordolese Auvence ha venduto parte delle sue case di riposo per acquistare scuole di informatica e design. Ciò è sorprendente perché, nonostante l'aumento dei prezzi, sembra difficile generare margini di profitto significativi nell'istruzione superiore. Il fatto che, nonostante il loro prestigio, le scuole consolari come la HEC possano raggiungere l'equilibrio finanziario solo con il contributo delle camere di commercio, testimonia la difficoltà di ottenere un'elevata redditività dell'istruzione. Ma forse il prestigio è legato a una costosa qualità del servizio?

Uno studio più approfondito del gruppo Auvence permette di comprendere meglio l'origine dei fondi e la logica degli investitori. Auvence è stata fondata nel

2006 nella regione di Bordeaux da due ex judoka di alto livello diventati agenti immobiliari. Acquistarono case di riposo medicalizzate che necessitavano di riabilitazione e poi, da specialisti edili, divennero gestori di queste strutture. Possedendo una quindicina di stabilimenti, affermarono di volerne acquisire fino a cinquanta. Tuttavia, si sono resi conto che non sarebbero stati in grado di raggiungere la dimensione critica di fronte a giganti che a volte avevano quasi duecento stabilimenti. Nel 2010 hanno quindi deciso di ritirarsi dal settore.

123venture è una società di capitale di rischio, che offre investimenti ad alto rendimento o evasione fiscale a persone facoltose. I fondi creati da questa società comprano e rivendono, a ritmi abbastanza sostenuti, partecipazioni in società non quotate in borsa. Inoltre prestano denaro alle imprese acquistando obbligazioni, eventualmente convertibili in azioni, che queste imprese emettono per finanziare il loro sviluppo. Interessato alle piccole imprese, che sono intrinsecamente fragili, il fondo assume rischi significativi. Questi possono essere ricompensati con rendimenti elevati, poiché le piccole imprese hanno un elevato potenziale di crescita. Tuttavia, il motivo principale degli investimenti operati da 123venture è la loro attrattiva fiscale. [7]. I conti di 123venture mostrano che la redditività dei loro fondi non è stata molto forte negli ultimi anni. Molti fondi perdono denaro prima di rivendere partecipazioni, il che significa che devono trovare acquirenti per bilanciare la loro situazione. Ma se si tiene conto dei vantaggi fiscali, la redditività è molto migliore.

Gli investimenti nell'istruzione non sono necessariamente molto redditizi a breve termine. Ma il valore delle scuole si basa anche sul loro patrimonio immobiliare, che aumenta con l'aumento dei prezzi e dà loro una buona stabilità finanziaria per le PMI. Chiaramente, per un investitore, è meglio acquistare un'azienda il cui valore si basa su locali nel centro della città piuttosto che macchine con una durata limitata o competenze di team che rischiano di disperdersi.

La spesa per l'istruzione non è molto sensibile alle condizioni economiche. Inoltre, il mercato delle scuole sta esplodendo, tanto che l'investitore che vuole riprendersi i suoi fondi rivende abbastanza facilmente. Infine, possiamo ipotizzare che la domanda continuerà a crescere e, dato il recente passato, possiamo seriamente dubitare della capacità dell'Educazione Nazionale di soddisfarla. L'arrivo dei fondi di investimento è quindi logico. Inoltre, notiamo che gli interessati all'istruzione sono generalmente specialisti nel settore alberghiero o sanitario, servizi alla persona che richiedono un ampio portafoglio immobiliare.

Questa logica comporta ovviamente dei rischi. "Sono lieta che la scelta sia ricaduta su Apax Partners, che condivide la filosofia del team di gestione di INSEEC: la creazione di valore nel campo dell'istruzione si basa principalmente sulla qualità della formazione [8]" afferma Catherine Lespine, direttore generale dell'Istituto Gruppo INSEEC, che riunisce in particolare le scuole di economia, management e comunicazione. Nessuno, infatti, si aspettava di sentirgli dire che la strategia del gruppo era basata sull'abbattimento dei costi. Tuttavia, la qualità è costosa ei prezzi sono ormai molto vicini al massimo che le famiglie possono permettersi. La tentazione di aumentare il numero dei dipendenti o di ridurre le ore di lezione per aumentare la redditività a breve termine e soddisfare gli azionisti è quindi reale.

L'arrivo dei fondi di investimento ha segnato il passaggio a una seconda generazione di redditizie scuole private. I fondatori hanno avviato la loro scuola con l'aiuto delle banche e l'hanno sviluppata lentamente, attraverso una crescita interna. Il ricorso a finanziatori esterni risponde alla volontà di accelerare la crescita dell'impresa o corrisponde ai tempi di trasmissione. Si traduce in integrazione all'interno di gruppi sempre più grandi. Così Ionis ha una ventina di scuole di ingegneria, economia, informatica e design. Studialis è un gruppo di ventiquattro scuole, focalizzato sul commercio e sulla creazione, INSEEC ha quattordici scuole (tra cui Supsanté, la preparazione medica che abbiamo già incontrato [vedi p. 14]). Il corso Pigier, famoso da decenni per la sua formazione di segreteria (fu fondato nel 1850),

Allo stesso tempo, l'interesse mostrato dai grandi gruppi stimola i creatori, che possono sperare di vendere la propria attività e fare così il jackpot dopo qualche anno, sul modello della "new economy" che gravita intorno a internet. Crossknowledge, una piccola azienda di Suresnes specializzata in formazione manageriale a distanza, è stata rilevata per 175 milioni di dollari nel 2014 dal gruppo americano Wiley.

Il settore attrae quindi le start-up, fondate da esperti professionisti del settore o da giovani docenti. Secondo L'Express [9], l'autunno 2014 lo è quello della raccolta fondi: 900.000 euro per Lelivrescolaire.fr, 1,2 milioni di euro per Kartable oltre che per 360Learning, 3,2 milioni di euro per Coorpacademy.

In questa prima fase di consolidamento si nota la virtuale assenza di gruppi prettamente educativi. Montefiore è stato lanciato da un ex capo di ACCOR, un gigante alberghiero globale. Il fondo specializzato Octant è stato lanciato dal milionario Robert Zolade (85° patrimonio francese). Dietro Studialis c'è il fondo svizzero Bregal, lanciato dalla famiglia Brenninkmeijer, proprietaria dei negozi C&A. Abbiamo la sensazione che queste persone si siano dette che era tempo di pensare all'educazione come al fast food o alla distribuzione e che le loro competenze hanno permesso loro di investire in questo mercato.

La seconda fase di consolidamento è l'avvio di grandi fusioni e acquisizioni, come in altri settori. Alla fine del 2013, INSEEC è stata venduta dal suo proprietario, il colosso americano Career Education Corporation, ad Apax Partner, per la bella cifra di 200 milioni di euro. Apax è un potente fondo di investimento, che possiede Altran Technologies e Alain Afflelou. Questa fase può essere spiegata: "La forza del gruppo INSEEC è la sua dimensione, la sua forte presenza internazionale, la sua vasta gamma di programmi e la sua rete di alumni", afferma la signora Lespine. [10]. Potremo ovviamente sostituire "INSEEC" con il nome di qualsiasi altro gruppo.

I gruppi cercano di fare nell'educazione ciò che

(non sempre) è riuscito in altre attività: trasferire buone pratiche. Va notato che ci sono pochissimi corsi di formazione nella... gestione degli istituti scolastici . In questo settore le ricette del successo rimangono molto empiriche, persino incerte. Tanto che un gruppo cercherà di diffondere nelle proprie scuole idee vincenti, in termini di gestione, pedagogia o reclutamento, facendo circolare informazioni o creando una piccola unità di ricerca.

La dimensione di un gruppo gli permette di costruire formazioni come i Lego, combinando i mattoncini, secondo le specializzazioni disponibili nelle varie scuole. Ciò evita che gli studenti debbano specializzarsi in modo troppo ristretto, o addirittura consente loro di arrivare sul mercato del lavoro con una doppia serie di competenze. Tuttavia, non è facile per una scuola di informatica fornire buoni corsi di gestione. Un gruppo con scuole specializzate potrà farlo molto più facilmente. Grazie a questa varietà di formazione, è anche possibile offrire corsi à la carte nelle diverse scuole del gruppo.

Altro punto di forza dei gruppi è la loro presenza in più paesi, che favorisce l'organizzazione di tirocini e mobilità e permette di farsi conoscere fuori dai confini e di reclutare studenti stranieri. L'ossessione delle scuole è, infatti, costruire un marchio.

Marchio

Se sui forum gli studenti litigano all'infinito per sapere se una scuola è migliore di un'altra, il giudice di pace è generalmente l'immagine di marca, manifestata attraverso le scelte degli studenti: tra gli studenti ammessi in due scuole, quanti scelgi i primi e quanti i secondi? Una delle sfide nella creazione di grandi gruppi è creare marchi forti, che richiedono tempo e risorse. Perché questi sono i marchi che attirano gli studenti e giustificano prezzi elevati. I cinquantenni con molteplici successi professionali vengono prima presentati come "ex studenti dell'ENA",

"X-ENSAE", ecc. Gli studenti sanno che il marchio a cui saranno associati li seguirà per tutta la loro carriera. Molto tempo dopo aver lasciato, di solito sono sostenitori entusiasti della loro scuola.

Viceversa, nella giungla di sigle che si somigliano tutte, è difficile orientarsi. Molto spesso gli studenti mi dicono: "Sono portato all'ESCE. Va bene ? Hanno superato il concorso e si sono iscritti per cinque anni senza poter valutare con precisione il livello e le specificità della scuola. Il marchio è una risposta a questa incertezza. I marchi prestigiosi sono quindi molto ambiti.

Ma costruire un marchio richiede tempo. I siti delle maggiori istituzioni educative mostrano ancora foto di cappelle neogotiche, biblioteche pannellate, frontoni maestosi, laureati in toga. Il loro logo è uno stemma ornato di simboli medievali. A metà strada tra Harry Potter e Il nome della rosa, questo simbolismo è una significativa garanzia di genuinità. Il riferimento ai costumi è moltiplicato dalla carrellata di illustri anziani. I parigini abituati alla scena in rovina di sale studio impreparate e gelide terrazze della Sorbona non possono immaginare la forza di questo nome semplice nel mondo accademico.

Le organizzazioni che non possono sfruttare questa sorta di eredità sono condannate a un serio lavoro di esposizione, convinzione, presenza nei diagrammi (che vedremo è esorbitante), costruendo strutture estese ed eccezionali. Per dirla chiaramente, la questione del marchio include pesanti speculazioni. I gruppi sono chiaramente invogliati ad acquistare una scuola con un marchio e ad estendere i vantaggi alle loro scuole in generale.

Per chiudere, la pesantezza della scuola non pubblica è in questo modo indiscutibilmente in ascesa, a tutti i livelli del sistema scolastico. Il numero di studenti che insegna aumenta, così come le sue posizioni nell'ordine gerarchico delle scuole. La debilitazione delle scuole finanziate dallo stato dalla metà degli anni 2000 apre opportunità per ampliare le parti private della torta, gravando sul modo di vivere delle famiglie. La particolarità più sorprendente è il miglioramento delle organizzazioni private, imprenditoriali, a scopo di lucro in ambito professionale. Queste scuole sono quindi principalmente presenti nell'istruzione superiore. La loro adattabilità e la loro capacità di avanzamento sono intriganti, tanto più che dipendono da un notevole potere monetario.

Tuttavia, i genitori francesi sono meno disposti a pagare per l'istruzione dei propri figli rispetto a quelli asiatici o dei paesi anglosassoni. Secondo un'indagine condotta dalla banca britannica HSBC nel 2014 [11], sono solo il 50% a capire che per studiare bisogna pagare, contro il 75-80% altrove. Sono anche tra i meno convinti che l'istruzione sia il miglior investimento che possono fare per i propri figli.

Comunque sia, le scuole private specializzate costituiscono ormai una componente integrante del sistema di istruzione superiore, insieme all'università e alle Grandes Ecoles. Questo cambiamento non può che accelerare la svalutazione dell'università e rafforzare notevolmente le disparità legate al reddito familiare, tra la minoranza di coloro che hanno accesso a queste scuole e coloro che ne restano fuori.

Capitolo 6 Note

1. Presentazione del Cours Molière sul suo sito web, www.cours-moliere.com.

2. TNS SOFRES, "Le difficoltà e le aspettative dei genitori", novembre 2011.

3. Il diploma di maturità che dà accesso all'università, le giurie del diploma di maturità sono formalmente presiedute da un professore universitario. Ma viene raramente e, anche in questo caso, non conosce le procedure. All'interno della giuria viene quindi nominato un vicepresidente, che assume di fatto le funzioni di presidente.

4. INSEE, Trent'anni di vita economica e sociale, INSEE, Parigi, 2014, www.insee.fr.

   1. Di fronte all'emozione suscitata, il presidente di Paris-Ouest ha però annunciato nel 2014 di voler denunciare questo accordo.

2. Economia ed economia commerciale (1) o scientifica (2), fisica matematica scientifica

   (3) o fisica-chimica (4), lettere letterarie e scienze sociali (5) o lettere (6).

   3. Tuttavia, il limite alle scappatoie fiscali dal 2013 potrebbe avere effetti molto negativi su questi fondi.

4. Comunicato stampa APAX Partner, 24 ottobre 2013.

5. Emanuel DAVIDENKOFF, "I migliori insegnanti",

www.lexpress.fr, 5 dicembre 2014.

6. Christine L.AGOUTTE e Yann L.EGALES, "Il gruppo INSEEC vuole diventare il leader mondiale nel treno di lusso entro il 27 gennaio 2014.

7. *Rapporto globale HSBC. Il valore dell'educazione, trampolino di lancio per il successo* , settembre 2014.

7

Il mercato globale della conoscenza

"Notizie edificanti per le persone che vedono il cambiamento scolastico come un metodo per guadagnare denaro: un altro rapporto valuta il mercato mondiale della formazione a 5,4 trilioni di dollari ogni 2015 [rispetto ai 27 miliardi di dollari del 1995]1. »

VSandehasborn ,thesresultsofthepreparationsawntificsoflhighschoolQuesnayhaveandéincredibile : quasi la metà degli studenti ha frequentato scuole generalmente eccellenti, dodici dei quali sono andati all'École Polytechnique. In ogni caso, sottolinea il responsabile della prepas, tra un anno le classi saranno le più libere che la fondazione abbia conosciuto. Ciò è spiegato dalla moltiplicazione delle ultime abdicazioni di studenti tenuti a Quesnay, ma anche portati a McGill (Canada), Cambridge o Londra e che preferiscono il vento del mare alle afflizioni della matematica sup.

Le persone si stanno lanciando completamente nella profonda fine della globalizzazione in modo sostanzialmente più efficace di prima. Anche le scuole. Tale peculiarità è coerentemente motivata da quanto sopra esposto. Tra l'ascesa dell'area business private, l'espansione della disponibilità a pagare delle famiglie, la produzione di raduni con forti basi monetarie, la pesantezza dell'inglese e la necessità di trovare il mondo durante i propri esami, si conclude che la Francia è matura per aderire il mercato globale dell'istruzione che si sta rapidamente svolgendo sotto i nostri occhi. Questo capitolo racconta quindi una storia di grandi gruppi finanziari e strategie planetarie. Sembra un po' come passare dalle guerre del fuoco alle guerre stellari eppure sta accadendo vicino a casa.

La prima globalizzazione

Nonostante l'imprecisione di questo tipo di misurazione, l'Unesco (Organizzazione delle Nazioni Unite per l'educazione, la scienza e la cultura) ha stimato che nel 2014 le persone che studiano all'estero fossero almeno 4,5 milioni, un numero che è raddoppiato in dieci anni e sta crescendo a un ritmo sempre più rapido. La metà è concentrata nei primi cinque paesi ospitanti: Stati Uniti (19%), Regno Unito (11%), Australia (8%), Francia (7%) e Germania (6%). Altre fonti danno risultati leggermente diversi, classificando la Francia davanti ad Australia e Germania. L'Unesco dimentica soprattutto la Cina, classificata al terzo posto dall'Institute of International Education, associazione americana.

290.000 studenti "internazionali" [2] » sono stati iscritti a istituti di istruzione superiore francesi nel 2012-2013. Rappresentavano uno studente su otto. Nel Regno Unito e in Australia, paesi che si sono specializzati nell'istruzione superiore, uno studente su cinque proviene dall'estero. Da notare che la Francia è riuscita a mantenere la sua "quota di mercato", per usare l'espressione dell'OCSE, mentre quella degli Stati Uniti è crollata, poiché era

28% nel 2001. Gli Stati Uniti rimangono attraenti, ma affrontano una concorrenza molto più forte che in passato.

La globalizzazione del reclutamento degli studenti porta alla sua concentrazione. Le migliori università del mondo accolgono oggi ben oltre i confini nazionali. I Moocs (corsi online) sono un ottimo modo per aumentare il rilevamento dei talenti. Nel 2013 una dodicenne pachistana è stata la protagonista del forum di Davos, che riunisce imprenditori e politici per discutere di affari mondiali. Intervistata da una star del giornalismo americano, Khadija racconta che a dieci anni si è iscritta a un corso online sull'intelligenza artificiale, offerto dalla società specializzata Udacity. Dopo aver completato con successo (!) il corso, si è iscritta a fisica e ha ricevuto il massimo dei voti. Un altro piccolo genio ha ricevuto un biglietto aereo per continuare i suoi studi negli Stati Uniti. Con questo tipo di aneddoto, le università americane possono diffondere l'idea di riunire le menti più brillanti del pianeta.

Ovviamente il fenomeno è cumulativo: più aumenta la reputazione di certe università, più bravi studenti di ogni estrazione vogliono andarci, il che aumenta ulteriormente il livello. Così la London School of Economics è diventata quasi inaccessibile per i miei studenti, in competizione con moltissimi studenti cinesi e indiani, di altissimo livello... e che pagano tasse di iscrizione significativamente più alte. Negli Stati Uniti, più dottorandi provengono dall'Università cinese di Tsinghua, di cui tu, come me, non hai mai sentito parlare, che da qualsiasi università americana! Più della metà dei dottorati in scienze e ingegneria conseguiti nelle università statunitensi dal 2006 sono stati conferiti a studenti internazionali, principalmente cinesi, indiani e coreani.

Un'altra ragione di questa impetuosa ascesa è proprio l'emergere di paesi in via di sviluppo. Le élite cinesi o indiane comprendono ormai decine di milioni di famiglie che hanno i mezzi per mandare i propri figli a studiare all'estero. Per motivi culturali, il prestigio dell'istruzione è spesso molto forte. Il sindaco di un grande villaggio nella provincia di Sabah, nell'isola del Borneo, mi spiegò un giorno con orgoglio che tutto il villaggio si era unito per permettere a un brillante suddito del villaggio di partire per il suo secondo ciclo. in California. Le prospettive finanziarie aperte dall'investimento educativo di queste popolazioni fanno ovviamente venire l'acquolina in bocca alle aziende del settore. Gli asiatici rappresentano ormai la metà degli studenti internazionali nel mondo, una percentuale destinata ad aumentare. Il numero di studenti cinesi all'estero è quintuplicato tra il 2000 e il 2012 e ora supera i 700.000; il numero dei sauditi è aumentato di sei volte a 60.000, più degli americani!

Come i prodotti stranieri, le principali università occidentali godono di grande prestigio. Proprio come i marchi giapponesi usavano nomi anglosassoni (Kenwood, per esempio), alcune università asiatiche usano nomi dal suono anglosassone. Ma l'espediente inganna pochi. Sono le maggiori istituzioni anglosassoni ad attrarre studenti asiatici. Per la borghesia pechinese niente è più chic che mandare i figli a studiare a Eton, a volte già dalle elementari. Il regime, teoricamente comunista, non ci trova niente di male: sono già passati quasi vent'anni da quando una grande città cinese ha avuto il suo primo sindaco formatosi ad Harvard. Non sorprende quindi che gli studenti cinesi si precipitino per primi paesi anglosassoni. Sono 200.000 negli Stati Uniti, 90.000 in Australia e quasi 70.000 nel Regno Unito. Lo stesso vale per gli indiani, in particolare per ragioni etimologiche. Per quanto riguarda il suo, la Francia invita per lo più sostituti africani e cinesi.

Ovviamente, invitare sostituti sconosciuti non è solo una questione di affari, ma anche una parte significativa del potere delicato, dell'impatto sociale e politico. La Francia afferma, ad esempio, che il raduno di studenti aggiunge al suo impatto mondiale e sostiene la Francofonia. Le nazioni socialiste nel complesso lo compresero bene: ricordiamo che numerosi capi di nazioni emergenti considerarono, a tutti i costi pagati, nell'Associazione Sovietica o in Cina.

D'altra parte, è a livello politico che la concentrazione sull'estero sperimenta i maggiori deterrenti, a causa dei regimi di visto proibitivi, istituiti negli Stati Uniti dopo l'11 settembre, in Australia o in Francia. Il minor fascino degli Stati Uniti negli ultimi tempi è in gran parte spiegato da questi problemi. In Francia, anche le difficoltà incontrate da studenti sconosciuti nell'ottenere la possibilità di tentare di sostenere i loro esami rappresentano un freno. Gli stati in questo senso sembrano essere in conflitto tra potere delicato e apprensione per gli estranei. L'incoerenza logica tra i loro obiettivi riflette, è valido,

I sostituti globali costituiscono un mercato significativo, indipendentemente dal fatto che le informazioni che li riguardano siano alquanto incerte. Sicuramente si aggiungono all'economia attraverso le spese educative che potrebbero pagare, ma anche attraverso i loro costi correnti. Secondo una stima dell'English Service of Training, gli studenti di tutto il mondo hanno portato al Regno Unificato 17 miliardi di euro nel 2009, di cui 2,6 miliardi per spese educative. Negli Usa si parla di 24 miliardi di euro. In Australia, i 13 miliardi di euro collegati ai sostituti mondiali ne fanno il terzo più grande eccesso record attuale. Va anche notato che gli studenti sconosciuti spesso pagano più dei cittadini, quindi facilitarli è davvero produttivo per i college.

Invitare studenti sconosciuti è il periodo principale della globalizzazione della formazione. Per le nazioni colonizzatrici come l'Assembled Realm o la Francia, è una vecchia pratica. Allo stesso modo, la Francia rimane un terreno di preparazione per le élite africane francofone. Eppure, siamo entrati in una seconda era della globalizzazione degli studi, contraddistinta dal potenziamento dei sistemi. Le università ora non si accontentano di portare loro studenti, si connettono con loro creando diplomi online e, soprattutto, assicurandosi all'estero.

Istruzione, industria globale

Una scuola o un'università che ha sedi in diversi paesi può essere chiamata istruzione multinazionale. Secondo l'accademica Rosa Becker [3], il numero di queste multinazionali è passato da 24 nel 2002 a 82 nel 2006 ea 162 nel 2009. Di questo passo, oggi potrebbero essere circa 400. diventa un luogo comune, occorre distinguere diversi scenari. Alcune scuole stipulano accordi o creano filiali principalmente per fornire ai propri studenti posti per studiare all'estero. Altri cercano di svilupparsi all'estero, in una logica di influenza o di aumentare il loro giro d'affari ei loro profitti reclutando nuovi studenti. Infine, c'è il caso di gruppi finanziari che acquistano scuole in vari paesi e diventano società educative multinazionali.

In Francia le università straniere sono poco presenti. Ma i gruppi finanziari stanno investendo con una vendetta. Molti fondi di investimento sono anglosassoni e arrivano sul mercato francese con un bagaglio di esperienza e capitali di tutto rispetto. La motivazione di questi fondi è quella di investire in un nuovo mercato, mentre il loro mercato domestico è vicino alla saturazione. Allo stesso tempo, la presenza di lunga data delle scuole private rende questo mercato più accessibile rispetto a quello dei paesi in cui l'istruzione è essenzialmente pubblica e gratuita. Un'altra motivazione per investire in Francia da parte di questi gruppi è penetrare, attraverso questo mezzo, nel mercato dei paesi in via di sviluppo francofoni, le cui élite desiderano sfuggire a un sistema educativo nazionale in crisi.

L'arrivo dei gruppi anglosassoni provoca un cambio di scala. Pigier, ISCOM (Istituto Superiore di Comunicazione e Pubblicità) e le business school IPAC fanno così parte di Eduservice, che fa capo a Duke Street, fondo britannico da oltre 2 miliardi di euro di fatturato annuo. [4] . IFG, ESCE ed EBS, tre business school, sono state acquisite da Laureate International Universities. Questo gigantesco gruppo americano (4 miliardi di dollari di fatturato) è presente in una trentina di paesi e forma 800.000 studenti . Tra i suoi azionisti c'è il fondo KKR, conosciuto in tutto il mondo sui mercati finanziari per le sue audaci operazioni di acquisizione di aziende finanziate a debito... che la vendita di pezzi delle aziende acquistate rimborsa. Dalla sua creazione, quasi quarant'anni fa, questo fondo si vanta di ottenere un rendimento medio del 27%, il che è straordinario.

I gruppi francesi non mancano al richiamo di questa fase di globalizzazione. Pertanto, sotto la guida del suo nuovo proprietario, il gruppo INSEEC prevede di stabilirsi in Cina, Corea o Brasile. I gruppi privati non hanno il monopolio di questo orientamento: come abbiamo visto, ESSEC, Centrale e molti altri hanno aperto campus all'estero, che promuovono stage per i loro studenti francesi, ma anche assunzioni locali. Come in altre aree, il mercato asiatico è il primo obiettivo. La Central School di Hyderabad presenta un modello interessante: è interamente finanziata da Mahindra, un gruppo industriale che cerca di formare leader aziendali piuttosto che la redditività a tutti i costi. Il gruppo indiano porta capitali, ma anche una solida reputazione. La scuola francese porta il suo know-how,

I gruppi internazionali forniscono alle scuole private acquisite risorse finanziarie per investire e migliorare la loro posizione e con partner internazionali che danno loro un vantaggio competitivo significativo, in un momento in cui l'apertura internazionale sta diventando essenziale. Grandi gruppi stanno investendo nei Moocs, che rappresentano una vera e propria rivoluzione economica. In effetti, il vincolo dell'educazione è che hai bisogno di un insegnante di fronte agli studenti. Come, in questo caso, ottenere guadagni di produttività? L'aumento delle dimensioni della classe riduce la qualità. Moltiplicare il docente in videoconferenza, invece, apre possibilità fantastiche: con un solo stipendio da docente da pagare si può raggiungere un numero infinito di studenti.

Pertanto, Laureate International Universities ha acquisito una partecipazione in Coursera, che produce corsi di professori di Stanford, Princeton, CalTech, Normale sup e Polytechnique. Per un gruppo con le scuole, ci sono enormi potenziali sinergie qui: le scuole acquistano corsi da Coursera, il che non costa loro molto, poiché questi corsi sono distribuiti in massa. Al contrario, superano gli esami e consentono quindi la certificazione dei corsi erogati da Coursera.

Un'altra conseguenza della formazione dei gruppi

è la standardizzazione delle pratiche di gestione. Si tratta di imporre un modello a tutto il gruppo, con indicatori di efficienza, obiettivi da raggiungere, modalità di gestione, ecc.

Questo modello trova la sua ultima struttura con le EMO o associazioni di amministrazione istruttiva che si stanno costituendo negli Stati Uniti. Questa abbreviazione è stata creata dalla relazione con gli HMO, associazioni che hanno creato negli Stati Uniti nel campo del benessere. Intermediari tra l'agenzia assicurativa che rimborsa il corrispettivo e le cliniche di emergenza, i farmacisti o gli specialisti che lo danno, questi HMO impongono linee guida, come la durata del ricovero per una specifica patologia o la marca di farmaci che uno specialista può approvare.

Nel campo della formazione, gli EMO progettano (come stendere un piano, valutarlo, rintracciare gli educatori, selezionare gli studenti e così via) e rivedere (quanto educatori per studente? quale numero di metri quadrati per studente? normale spese di preparazione?, e così via.). Allo stesso modo possono promuovere procedure educative. Dovrebbero scegliere "grandi pratiche" e disperderle all'interno del raduno. Gli EMO in passato hanno investito risorse nel campo delle scuole a contratto: alcuni stati americani danno a ciascuno dei guardiani dei voucher di formazione studentesca che usano nella loro fondazione preferita, per portare la regola della rivalità nell'istruzione. Prevedono un miglioramento del quadro. Si può prevedere che i raduni delle scuole giustificheranno la loro procedura su questo modello.

Queste pratiche sono il partner dell'aspetto del capitale alla ricerca di incredibili porte aperte per il beneficio e l'arbitraggio tra l'interesse per la scuola, i circoli ricreativi, le case di riposo o i penitenziari. Gli investitori vogliono chiaramente scoprire se il loro denaro viene utilizzato consapevolmente (responsabilità). In base all'esperienza accumulata, gli EMO potranno dire oltre quante ore di lezione purché, ad esempio, un corso di formazione cessi di essere remunerativo; o come condurre una politica salariale incoraggiando gli insegnanti a fare del loro meglio senza costare troppo. Ma la tensione tra qualità e redditività non è sempre facile da ridurre e gli attori dell'istruzione rischiano di reagire violentemente alla confisca della libertà implicata dall'arrivo degli EMO. Per un insegnante, sembra un film catastrofico. In ambito sanitario, questo modello, fortemente criticato dai medici perché perdono la loro libertà di decisione, comporta elevati costi di gestione. In termini di ottimizzazione, risulta essere più costoso dei sistemi pubblici. È possibile che la stessa cosa stia accadendo nell'istruzione.

Zone libere educative

La terza fase del razzo è la creazione da parte di alcuni Paesi di vaste piattaforme, chiamate hub dell'istruzione o hub della conoscenza, per analogia con il trasporto aereo: un hub è un punto di passaggio obbligato, il centro operativo di un'azienda verso cui convergono le sue voli. Si tratta di dedicare un'area, servita e gestita dalle autorità, all'insediamento di scuole, ma anche talvolta di centri di ricerca. L'obiettivo è utilizzare l'istruzione come un settore economico su cui fare affidamento per creare attività e guadagnare valuta estera. È una modalità particolare della globalizzazione dell'educazione più che una terza età, perché riguarda solo alcuni paesi emergenti.

A Singapore, ad esempio, questo fa parte di una strategia più ampia per trasformare lo stato insulare in un'economia della conoscenza. Gli Emirati Arabi Uniti stanno mettendo risorse colossali al servizio di una strategia di economia della conoscenza e della cultura, che vede in particolare la costruzione ad Abu Dhabi di tre giganteschi musei: il Louvre, il Guggenheim e lo Zayed, oltre alla realizzazione di due cinematografi festival.

L'esempio di Mauritius, d'altra parte, illustra un approccio puramente incentrato sui servizi educativi come merce: "L'obiettivo è generare, entro dieci-quindici anni, un miliardo di dollari di fatturato, ovvero il 10% del PIL mauriziano!" afferma il ministro mauriziano dell'istruzione superiore [5]. Secondo questo piano, Mauritius accoglierà 100.000 studenti internazionali nel 2020 (contro i 1.000 del 2013!). È notevole che il Ministero dell'istruzione superiore sia stato creato solo nel 2010, con l'obiettivo di sviluppare l'attività economica in questo settore. Vale a dire se la formazione dei mauriziani passa in secondo piano.

L'hub di conoscenza mauriziano mira a reclutare studenti provenienti da tutto l'Oceano Indiano e dall'Africa. Una società pubblica, Knowledge Parks Ltd, è stata creata per gestire i tre campus finanziati con fondi pubblici. Le donne straniere delle istituzioni sono incoraggiate a venire a stabilirsi in questi campus. Così, la scuola Vatel ha creato una laurea e un master alberghiero, i numerosi hotel di lusso della regione costituiscono luoghi eccellenti per stage. Altri corsi sono stati creati grazie a una partnership internazionale, come con Paris-I-Panthéon-Sorbonne o Paris-Dauphine: l'azienda mauriziana Analysis Institute of Management coordina l'MBA erogato dall'Università di Paris-Dauphine e dall'Institut d'administration des entreprises (IAE) di Parigi nelle isole dell'Oceano Indiano.

Dubai International Academic City (20.000 studenti) vuole essere "la prima zona franca al mondo dedicata all'istruzione". Le autorità insistono sul fatto che le università che vi si stabiliscono sono totalmente proprietarie del loro stabilimento e possono rimpatriare liberamente i loro profitti. Dubai o Mauritius applicano quindi all'istruzione superiore le ricette che hanno avuto successo in altri settori, come il tessile a Mauritius. L'isola è padrona della creazione di zone franche, sa costruire le infrastrutture necessarie alle imprese, ha la credibilità necessaria per convincere le imprese straniere che è uno Stato di diritto, affidabile, stabile, che permette alle imprese di prosperare in pace.

Ma è abbastanza? Mauritius potrebbe attrarre nel tessile, grazie alla sua manodopera a basso costo, nel turismo, con le sue spiagge di sabbia bianca. Nell'istruzione? Non importa quanto guardiamo, il vantaggio competitivo di Mauritius non è ovvio. Questi tentativi sono quindi necessariamente circospetti. Già nel 2011 un ricercatore si chiedeva se si trattasse di una moda passeggera o di una vera innovazione. [6].

Diversi scandali hanno recentemente contaminato lo sviluppo degli hub, in particolare problemi di accreditamento: gli studenti scoprono dopo diversi anni di studi costosi che il loro diploma non è riconosciuto all'estero. È successo anche che la filiale di una "grande scuola occidentale" a Dubai sia stata costretta a chiudere quando si è scoperto che la sua casa madre... era una pura invenzione! Rassicuriamo il lettore senza ulteriori indugi: questa scuola immaginaria ha riaperto una filiale in un altro emirato [7]. Questi scandali hanno mostrato alle autorità che l'intervento pubblico era essenziale per dare credibilità ai diplomi rilasciati.

Dubai ha vissuto una vera e propria bolla educativa. Nel 2007 c'erano più istituzioni educative lì che in qualsiasi altro posto al mondo; dieci delle cento migliori business school erano rappresentate a Dubai, sette in Qatar e tre ad Abu Dhabi, per esempio. La crisi finanziaria del 2008 ha colpito duramente Dubai, riducendo drasticamente il numero di espatriati che potevano iscrivere i propri figli in queste scuole. Campus nuovi di zecca sono così rimasti semivuoti e quindi ben al di sotto del punto di pareggio. Alcuni si sono chiusi con la stessa rapidità con cui si erano aperti. Oggi sembrano città fantasma abbandonate dopo la corsa all'oro negli Stati Uniti. Questa è la prima crisi di crescita dell'istruzione globalizzata.

Anche la forza del modello Dubai è probabilmente in discussione in questa crisi. Il libero mercato e l'assenza di regolamentazione non sono necessariamente una panacea in un campo dove è molto difficile valutare il "prodotto", cioè il diploma. La certificazione da parte di un'autorità riconosciuta rimane essenziale, così come la definizione di standard di qualità e una certa pianificazione dell'offerta. Dubai ha anche istituito un organismo di certificazione nel 2013. Infine, le difficoltà incontrate da alcuni accademici nell'ottenere i visti, a causa delle loro posizioni politiche o della natura del loro lavoro, non fanno ben sperare per la possibilità di accogliere una facoltà permanente in loco.

Notare di sfuggita il contrasto tra gli Emirati. Gli Emirati Arabi Uniti formano una struttura federale, che riunisce sette principati, i principali sono Dubai e Abu Dhabi, che affrontano l'economia della conoscenza in modi diametralmente opposti. Dubai si aspetta benefici finanziari diretti dalle zone franche e rinuncia al controllo del loro sviluppo a volte anarchico, mentre Abu Dhabi procede per cauti accordi interstatali.

L'Asia conquista l'Asia

Malesia, Hong Kong, Corea del Sud e Singapore hanno avviato iniziative analoghe, ma basate su basi più solide. Singapore è un paese altamente sviluppato, il cui stato, potente ed efficiente pianificatore, è da tempo specializzato nella logistica. Singapore ha così consegnato città chiavi in mano alla Cina, curandone la costruzione e la gestione delle infrastrutture e dei servizi pubblici. La sua posizione geografica rende Singapore alla portata degli studenti asiatici. L'isola ha sviluppato anche l'idea di "edu-turismo", che consente di conciliare l'esplorazione della regione con un corso erogato da scuole eccellenti, tra le migliori al mondo.

Singapore è infatti riuscita ad attrarre più di 1.100 scuole e università straniere, tra cui il MIT, l'Imperial College London, la Munich Technological University e il primo campus creato da Yale da trecento anni, per usare lo slogan all in finesse immaginato dai comunicatori di questo istituzione. Per inciso, gli insegnanti e il consiglio di amministrazione di Yale erano sconvolti dal fatto di non essere stati consultati su questa implementazione e hanno appreso di non avere voce in capitolo. Il rispetto per la tradizione non si estende alla condivisione del potere...

La creazione di hub in Asia è la logica conseguenza dell'emergere economico dell'Asia orientale e della globalizzazione dell'istruzione. Il posto dell'Asia in questo movimento sta rapidamente cambiando. Gli hub educativi della Corea del Sud sperano così di attrarre studenti russi: un bel simbolo.

I giganti asiatici, India e Cina, sono un po' indietro rispetto a questo movimento, che cercano di frenare con una politica protezionistica. Ad esempio, gli istituti di tecnologia indiani vietano ai loro studenti di accettare tirocini all'estero. Cina e India tendono a rallentare la nascita di università straniere, che vedono come concorrenti delle proprie università, di cui vogliono promuovere lo sviluppo interno. Stanno ottenendo un vero successo. Gli istituti indiani di tecnologia si allenano ingegneri molto apprezzati. Secondo alcune fonti, la Cina ora accoglie più di 300.000 studenti stranieri. Soprattutto, nel 2014, 100.000 americani studiavano in Cina, una cifra assolutamente sbalorditiva. Chi, solo dieci anni fa, avrebbe potuto immaginare un cambiamento così radicale, questa fuga di cervelli inversa? E perché scegliere la Cina?

La risposta non è molto originale: i soldi. Un MBA classificato tra i primi venti al mondo, offerto dalla China Europe International Business School di Shanghai, costa la metà degli Stati Uniti, senza contare il basso costo della vita. Poiché la reputazione delle università cinesi resta da fare, sono meno selettive che altrove. In medicina, ad esempio, uno studente indiano che vuole una buona laurea ha buone ragioni per esitare tra Europa e Cina, cosa che i forum cominciano a fare eco. Nel caso particolare degli americani, Hillary Clinton ha istituito nel 2013 una fondazione che eroga borse di studio agli studenti che desiderano recarsi in Cina, per avvicinare i due Paesi e conoscere un Paese che è e sarà sempre di più un grande potere. Come in altre zone, però,

Come in altri ambiti, infatti... Questo capitolo sembra un articolo de L'Expansion. Prova a rileggerlo, sostituendo "studente" con "cliente" e

" Istruzione " per "informatica", "fast food", o anche "macchina utensile": va molto bene. Ciò che caratterizza la globalizzazione dell'istruzione superiore è che essa viene operata essenzialmente dal mercato, considerando l'istruzione come un'attività di servizio alle persone ad alto valore aggiunto, in cui vi sono significative opportunità di sviluppo. redditizio .

Secondo uno slogan sentito in Francia, ma anche in Cile o in Quebec,

" l'istruzione non è una merce". Infatti sì. C'è una domanda (più o meno) solvibile, un'offerta pagante, un mercato abbastanza organizzato, finanziamenti, imprenditori, strategie commerciali, marchi, valutazione dei prodotti, riviste per aiutare il consumatore nelle sue scelte, ecc. Gli sviluppi che abbiamo appena esplorato mostrano che è sempre più una merce e che questa tendenza crescerà. Stranamente, in Francia sono spesso sorte preoccupazioni al riguardo riguardo agli accordi commerciali internazionali, come se la minaccia della mercificazione della scuola arrivasse dall'esterno per assediare un sistema francese pubblico e libero. Chiaramente, non ci siamo più.

Capitolo 7 Note

1. Valerie STRAUSS, "Il mercato globale dell'istruzione raggiunge i 4,4 trilioni di dollari e sta crescendo", The Washington Post, 9 febbraio 2013.

2. Questo termine può sembrare strano, ma permette di distinguere le persone che vengono dall'estero per studiare da quelle che sono di nazionalità straniera, ma la cui famiglia può benissimo essere stabilita nel Paese da anni.

3. Rosa BECKER, "Campus internazionali: mercati e strategie", The Observatory on Borderless Higher Education, 2009.

4. Isabelle REY-LEFEBVRE, "Le scuole private, una miniera d'oro per gli investitori", Le Monde Campus, marzo 2012.

5. Jean-Michel D.URAND, "L'hub della conoscenza prende forma in una certa vaghezza", L'Eco austral, 13 febbraio 2014.

6. Jane KNIGHT, "Education hub: una moda, un marchio, un'innovazione? », Rivista di Studi sull'Educazione Internazionale, n. oh 15, 2011, p. 221.

7. Leigh THOMAS, "Quality the big challenge for private education hubs", University World News, 9

marzo 2012.

8

Tasse universitarie alle stelle

"I ricchi, quando la disuguaglianza è grande ei loro redditi sono significativamente superiori a quelli delle classi medie, sono riluttanti a investire in beni pubblici come l'istruzione [...] e preferiscono farne consumo privato [1]. »

Ha quasi frequentato una grande scuola, Jean-Charles ha avuto una bella carriera nel settore, anche se ha rallentato il ritmo per alcuni anni. I suoi figli sono cresciuti e li vede seguire un percorso familiare. Quando arriva il momento decisivo per scegliere la sua strada nell'istruzione superiore, ha la sensazione che potrà, senza dubbio meglio di altri, aiutare, consigliare e finanziare i suoi figli. Analizzando la questione, scopre che il costo dell'istruzione superiore è esploso: formazione privata sempre più costosa, corsi di sostegno indispensabili, corsi propedeutici a pagamento richiedono budget consistenti. Si rende conto che dovrà fare uno sforzo considerevole per far fronte a questa spesa e assicurare ai suoi figli studi proficui. Naturalmente, la formazione retribuita non è una novità. Ma erano abbastanza facilmente accessibili ai figli degli ingegneri, persino agli insegnanti. Non è più così.

L'inflazione è dovuta principalmente alle business school, le cui tasse oggi sono molto alte. Questo capitolo inizia descrivendo in dettaglio il loro caso. Ma il resto dell'istruzione terziaria sta seguendo, sperando di compensare la diminuzione dei finanziamenti pubblici e l'aumento dei costi. Libero, che era la regola, diventerà l'eccezione?

In passato, nelle lezioni di scienze, gli studenti delle classi propedeutiche commerciali erano guardati con un certo disprezzo. Il loro livello in matematica, misura di tutto, era inferiore a quello delle scienze preparatorie; e le loro carriere sembravano meno virtuose di quelle dei medici o degli ingegneri. Il soprannome con cui venivano dati gli allievi di queste prepas, le "spezie",

traduce bene questa condiscendenza. Le scuole portavano ancora lo stigma dell'epoca in cui legittimavano le posizioni di "figli di papà" più o meno dotati.

Ma uno dei miei compagni di classe, un Centralien che era entrato in IBM, notò che i laureati delle scuole di economia, certamente meno esperti di computer di lui e che non avevano mai dimostrato la sua stessa capacità lavorativa, scrivevano appunti e li presentavano oralmente molto meglio di lui e si è evoluto rapidamente ai vertici dell'azienda. Erano i primi anni '80. Le scuole di business stavano iniziando a prendere il sopravvento. Questa tendenza non è stata negata da allora, soprattutto perché sempre più laureati in business school fanno parte del personale di grandi aziende. Questo passaggio dalla scienza e dalla letteratura al commercio è, inoltre, significativo dell'evoluzione della scala dei valori in Francia. Oggi i genitori mandano con fiducia i propri figli alla business school.

Il loro entusiasmo è però offuscato dal conto da pagare. Preferire una business school a una scuola di ingegneria, infatti, non è neutrale in termini di costo. Mentre la maggior parte delle scuole di ingegneria rimane pubblica e ha un prezzo moderato, le business school sono molto costose.

Le principali business school hanno sempre addebitato una tassa, a causa del loro status. Non riferiscono direttamente al Ministero dell'istruzione superiore. Alcuni dei più importanti ora dipendono dalle Camere di Commercio e Industria (CCI), in particolare HEC, ESCP Europe e Novancia, che dipendono dalla CCI dell'Île-de-France, BEM Management School (Bordeaux), Grenoble EM e Toulouse Scuola di affari. Dopo aver sfiorato il fallimento alla fine degli anni '70, ESSEC è legata alla CCI di Val-d'Oise. Oltre a questo statuto consolare esistono scuole a statuto privato, che sono generalmente associazioni o società di capitali semplificate. La stragrande maggioranza delle scuole, pur pagando, non ha quindi scopo di lucro, è importante sottolinearlo.

Per comprendere a fondo i dati finanziari occorre anche orientarsi nella macchia dei diplomi. Negli anni '30, le business school introdussero il reclutamento dopo uno, poi due anni di classe preparatoria, a imitazione delle scuole di ingegneria. Ma alcuni, la cosiddetta preparazione integrata, reclutano a livello di maturità (vedi p. 119). Molto spesso, le business school portano a diplomi di livello bac + 5, corrispondenti al master. La scuola dura quindi tre anni (dopo la preparazione) o cinque anni (postbac). Hanno anche sviluppato diplomi chiamati bachelor in business administration (BBA), che sono in generale bac + 4 (norma americana), tanto più raramente livello bac + 3 (norma inglese). Per insaporire un po 'di più le cose, rilasciano anche diplomi di laurea concentrati o Esperto di scienze (MS) ed Esperto in organizzazione aziendale (MBA), pronti in un anno o poco più. Questi innegabili riconoscimenti di livello sono previsti per i laureati con un livello bac+4 o bac+5, molti dei quali sono ormai inseriti nella vita lavorativa.

Infine, le tecniche di arruolamento per queste scuole sono migliorate notevolmente negli ultimi tempi, con uguali conferme al primo o al secondo anno proposte a studenti universitari e concorsi adeguati a studenti delle classi preliminari accademiche.

Questo gran numero di scuole non è equivalente né per quanto riguarda la difficoltà di accesso, né per quanto riguarda il compenso per il lavoro principale, né per quanto riguarda il percorso vocazionale. Le graduatorie annuali ei record dei premi stilati dai diversi organi di stampa danno risultati molto uniti. Le migliori sono le scuole che selezionano dopo due anni di sistemazione. Le scuole con ordinamento coordinato sono sostanzialmente meno rinomate. Intromettendosi comunque nel punto più alto della classifica, verso il 10° posto, scuole come IESEG, in salita, ed ESSCA. Alcuni BBA, assenti dalle classifiche in quanto non a livello di esperti, possono essere valutati anche dai manager.

Cari business school

Una business school ha un costo notevole, fuori dalla portata della maggioranza delle famiglie nel caso di scuole a preparazione integrata, in quanto occorre finanziare cinque anni di studio per almeno 40.000 euro e che queste scuole private fanno non esentano i borsisti dalle tasse universitarie. Gli aumenti dei prezzi hanno raggiunto più del 50% dal 2006 in queste scuole [2]. Molti genitori, che avevano tenuto presente gli ordini di grandezza del tempo dei loro studi, sono scioccati da questo sviluppo. Ora è necessario pagare tra 27.400 euro per tre anni di studio all'Audencia e 39.500 euro all'ESSEC.

Nel caso di scuole triennali si aggiunge il costo di due anni di preparazione. La maggior parte dei prépas sono pubblici o dipendono da istituzioni cattoliche, le cui tasse universitarie vanno dai 2.000 ai 3.000 euro all'anno. Esistono anche corsi di preparazione a scopo di lucro (IPESUP-PREPASUP, PREPACOM, Intégrale, ecc.). Il loro ottimo livello viene pagato da 8.500 euro a 9.500 euro l'anno. Il costo delle tasse scolastiche è ovviamente gravato dalle spese abitative, per gli studenti che non abitano nelle immediate vicinanze delle sedi. Poiché questi sono spesso remoti o non facilmente accessibili, la maggior parte degli studenti rimane sul posto. Grazie all'assegno abitativo, invece, queste spese sono minime. Nel complesso, l'investimento è molto spesso molto pesante per le famiglie. In alcuni casi, tuttavia, può essere ridotto.

Spicca una scuola: Télécom School of Management

fattura 15.450 euro

" solo " tre anni di studio. L'unica scuola a statuto pubblico del settore, perché collegata ad una scuola di ingegneria, è di buon livello. Infine, assimilata a una business school per il riconoscimento di cui godono i suoi laureati, anche l'Università Paris-Dauphine è di status pubblico e molto meno costosa, anche se le tasse di iscrizione stanno aumentando rapidamente.

Le tasse universitarie indicate si riferiscono al corso che dà accesso alla laurea magistrale. I master specialistici costano generalmente dai 12.000 ai 22.000 euro per un anno e gli MBA dai 35.000 ai 48.000 euro per dieci-sedici mesi, una cifra piuttosto modesta rispetto agli MBA americani, fatturati fino a 120.000 euro! Questi prezzi possono sembrare eccessivi. Dato il potere d'acquisto della maggior parte delle famiglie, lo sono sicuramente.

Tuttavia, queste valutazioni dovrebbero essere temperate, perché questi corsi fanno spesso parte della formazione continua, in particolare EMBA (E per executive). Possono essere finanziati dai datori di lavoro, in particolare nell'ambito del lavoro-studio. Pertanto, circa il 30% degli studenti ESSEC sono apprendisti, la scuola ha sviluppato numerosi partenariati che consentono loro di lavorare, ad esempio, nella finanza di mercato mentre continuano gli studi. L'apprendista è pagato e le sue tasse universitarie sono coperte. Inoltre, ottenere uno di questi diplomi è uno spettacolare acceleratore di carriera.

Questo rapido aumento ha portato a una certa erosione della redditività dei diplomi, con gli stipendi che sono aumentati meno rapidamente delle tasse universitarie. Così, una scolarizzazione triennale ha rappresentato nel 2014 quasi quattordici mesi di stipendio per i giovani laureati, contro meno di dieci nel 2006. Per le scuole quinquennali, le spese di iscrizione rappresentano da diciannove a venti mesi di stipendio. Questa stima è minima, perché i dati sugli stipendi, provenienti dalle scuole stesse, sono probabilmente sovrastimati dal 20% al 30%. Aumenta quindi lo sforzo di chi si finanzia gli studi indebitandosi.

Si prega di notare che le tasse universitarie indicate non sono nette. A ciò vanno aggiunti costi aggiuntivi non trascurabili, come i costi di selezione, i costi amministrativi in caso di pausa, i costi di partecipazione ai weekend di integrazione, spesso i costi aggiuntivi durante gli stage all'estero, nonché l'acquisto di libri (che possono rappresentano un budget di 1.500 euro nel primo anno). Gli Stati Uniti sono un caso particolare in quest'area: mentre un grosso libro di testo vale generalmente intorno ai 50 euro in Europa, può arrivare a costare fino a 320 dollari al di là dell'Atlantico, dove il mercato è bloccato. Gli insegnanti impongono le opere di riferimento per il loro corso, ma non le pagano e quindi sono poco sensibili al loro prezzo. Gli editori rilasciano costantemente nuove versioni, per rallentare lo sviluppo del mercato dell'usato, e accompagnano i libri con schede informatiche di interesse variabile, che fanno salire i prezzi. Questi sono aumentati dell'82% tra il 2004 e il 2014 e, in totale, dell'812% dal 1978, tre volte più velocemente del costo della vita. Questo problema è diventato molto serio: il costo dei libri di testo universitari raggiunge i 1.200 dollari per alcuni studenti e porta molti di loro a rinunciare ad acquistarli. Questo fenomeno è citato tra i fattori di insuccesso universitario. il costo dei libri di testo universitari raggiunge i 1.200 dollari per alcuni studenti e porta molti di loro a rinunciare ad acquistarli. Questo fenomeno è citato tra i fattori di insuccesso universitario. il costo dei libri di testo universitari raggiunge i 1.200 dollari per alcuni studenti e porta molti di loro a rinunciare ad acquistarli. Questo fenomeno è citato tra i fattori di insuccesso universitario.

In Francia, anche le scuole fanno pagare per l'iscrizione ai concorsi. Un budget consistente per le famiglie e, a volte, occasione per qualche abuso. Concorsi congiunti per business school con preparazione integrata costo 120 euro, più 80 euro a scuola per Accès, 225 euro e 30 euro a scuola oltre una per Sesamo, ecc. In totale lo studente che presenta più concorsi per aumentare le proprie possibilità paga da 500 euro a 800 euro.

L'iscrizione ai concorsi delle Grandes Ecoles costa in genere intorno ai 100, 150 euro. Eccezioni: il concorso congiunto Mines Ponts costa 265 euro e i normali concorsi scolastici sono gratuiti. Molto spesso, i borsisti sono esentati dalle tasse di iscrizione ai concorsi. Sul quotidiano online Rue89, uno studente ha quantificato quanto gli erano costati i concorsi di diverse scuole di giornalismo, comprese le spese di trasporto e alloggio: 1.861 euro.

Comunque sia, prevalere nell'opposizione può anche essere costoso. Una sostituta mi ha chiarito che alla fine era stata posseduta fino al suo doppio livello preferito, una preparazione registrata e praticamente gratuita. In ogni caso, in attesa di essere riconosciuta, aveva approvato la sua iscrizione all'ESSCA dopo aver terminato la prova di selezione... e pagato 1.500 euro a fondo perduto. Alcune rivalità giocano abilmente su questo strumento. Offrono pochi incontri, fino a sei per Connection. È più semplice superare l'opposizione nella riunione delle primarie, che attira alcuni promettenti. Una volta concesso, potrebbero desiderare di aspettare gli effetti postumi di altre rivalità successive e più alte prima di impegnarsi in modo assoluto. Comunque sia, tutti insieme per non perdere il posto dovrebbero pagare un 10% a fondo perduto, ovvero circa 800 euro.

La corsa alle stelle

L'aumento dei diritti si spiega con l'aumento dei costi, in particolare quello della retribuzione degli insegnanti, potenziato dall'infernale meccanismo di valutazione della scuola. La loro qualità accademica è giudicata in base alle pubblicazioni su riviste scientifiche e al numero di "stelle CNRS" della loro facoltà. Questo criterio determina in particolare l'ottenimento di etichette internazionali (EQUIS, AACSB, EPAS) e la posizione della scuola nelle classifiche nazionali (L'Étudiant, Challenges, ecc.) e internazionali (Financial Times, ecc.). Questi ultimi sono particolarmente importanti per le scuole ai vertici della classifica, per le quali la dimensione internazionale è altamente strategica. Oggi, dal 40% al 70% dei docenti nelle principali business school e il 20% dei loro studenti sono stranieri. Inoltre,

Equiparare la qualità della formazione fornita con quella della sua ricerca è altamente discutibile. Senza dubbio la preminenza di questo criterio deriva in gran parte dal fatto che è misurabile, mentre la capacità di un istituto di aiutare i suoi studenti a progredire è molto difficile da quantificare. Ma, rilevante o meno, questo criterio si è imposto e le scuole non hanno altra scelta che partecipare al concorso, se non vogliono scomparire dalle classifiche.

Tuttavia, la corsa alle pubblicazioni e alle star del CNRS porta a un'incredibile deriva salariale. Le scuole premiano le pubblicazioni dei loro insegnanti, il cui prestigio si riflette su di loro. Il bonus concesso a un insegnante per un articolo su una rivista di alto livello sarebbe quindi di 12.000 euro all'ESC Toulouse, secondo la Corte dei conti [3]. Pratiche discutibili aumentano artificialmente il numero di pubblicazioni di un'istituzione. Così, un accademico può accettare che un insegnante di una scuola sia coautore di un articolo di cui non ha scritto una riga in cambio di qualche migliaio di euro. Una scuola può assumere anche un giovane medico, sapendo che le pubblicazioni seguiranno al conseguimento della sua tesi. Agli studiosi di larga diffusione può essere riconosciuto il titolo (e il compenso) di professore associato, in modo che le loro pubblicazioni possano essere accreditate alla scuola.

I professori suscettibili di pubblicare su riviste internazionali vengono reclutati a prezzi esorbitanti, o addirittura rubati da altre scuole, al punto che gli specialisti parlano di "mercato". Poiché questo mercato è internazionale, la compensazione in Francia è necessariamente vicina ai livelli raggiunti altrove, in particolare negli Stati Uniti. Molto concretamente, un accademico confermato guadagna dai 4.000 ai 6.000 euro al mese all'università, il doppio che in una Grande Ecole francese e anche un po' di più negli Stati Uniti. [4]. La globalizzazione del mercato degli insegnanti sta accelerando in molte discipline. Lo stipendio più alto per gli insegnanti fuoriclasse dovrebbe quindi aumentare, gravando sulle quote di iscrizione. Inoltre, affinché gli insegnanti pubblichino, devono avere il tempo di ricercare, quindi i loro compiti di insegnamento devono essere ridotti, il che li rende ancora più costosi per la scuola che li assume.

Si possono identificare altre fonti di aumento dei costi: le apparecchiature informatiche, sempre più sofisticate, devono essere sostituite frequentemente; molte scuole hanno investito in immobili per ammodernarsi e rispondere alla crescita delle iscrizioni. Infine, i servizi offerti, in particolare in termini di orientamento, follow-up dei tirocini e integrazione degli ex studenti, sono in continua espansione e mobilitano manodopera costosa.

Di fronte a questa inflazione, le scuole hanno poco margine, perché alcuni finanziamenti ristagnano o diminuiscono. L'11% delle risorse delle business school consolari proviene dalle ICC, il 10% dalla tassa di apprendistato pagata dalle imprese, le Regioni erogano il 3% dei bilanci. I servizi di formazione continua forniscono l'8% delle risorse, soprattutto nelle scuole più qualificate, e il 10% proviene dalle fondazioni. Il 58% del budget è quindi fornito dalle tasse universitarie. La mancanza di risorse delle ICC ne limita l'impegno; la situazione economica non è favorevole né alla tassa sull'apprendistato né ai contributi delle regioni. Alcune operazioni di sponsorizzazione possono fornire finanziamenti aggiuntivi, ma limitati, concentrati sulle strutture meglio dotate. Finalmente,

Tuttavia, l'aumento dei costi si trasforma in un aumento dei prezzi solo se c'è una domanda per quel prezzo. In altre parole, un numero sufficiente di famiglie deve essere pronto a pagare ingenti somme. Ma la situazione è tesa.

L'espansione del costo dell'istruzione si è attenuata a partire dal 2011. ESSEC rimane la scuola più costosa, ma non ha aumentato i suoi costi, dopo un lungo periodo di incrementi a due cifre. Sicurezza inoltre a Tolosa e Grenoble. Si sarebbe potuto raggiungere un tetto: nel 2012, 1.100 studenti che avevano ottenuto un posto in una scuola hanno deciso di non possederlo, quindi 21 business college su 37 non hanno prevalso in quell'anno. ripartire tutti i punti predisposti per la rivalità. Le scuole meno apprezzate, come l'ESC di Brest, La Rochelle, Chambéry o Dijon, sperimentano i maggiori problemi. Di conseguenza selezionano un numero sempre crescente di conferme uguali. Le scuole post-diploma di maturità, per quanto conta per loro, di tanto in tanto coordinano rivalità extra a settembre, o addirittura stupiscono l'inizio dell'anno scolastico verso la fine del semestre principale, il che rende concepibile il recupero di studenti che necessitano di riorientamento. Nonostante ciò, il numero di promettenti è sostanzialmente diminuito negli ultimi anni: è passato da 7.114 nel 2008 a 5.412 nel 2014 per il rivale Sesame e da 7.008 nel 2010 a 5.512 nel 2014 per Accès. Chiaramente, i tutori stanno lottando per tenere il passo monetariamente.

I migliori college aziendali si trovano in una circostanza completamente diversa. L'aumento dei costi è reso possibile dalla globalizzazione del mercato. Il posizionamento dei migliori assi dell'amministrazione distribuito ogni anno dal Monetary Times colloca sorprendentemente bene le scuole francesi, con 19 tra i primi 100. Anche sette programmi MBA francesi sono tra i migliori 100, come indicato dal posizionamento dell'analista finanziario. Queste scuole sono quindi pronte a selezionare studenti sconosciuti e ad addebitare tasse universitarie elevate.

Tuttavia, se le grandes écoles in tre anni costano molto, non è per riempire le tasche dei loro azionisti - in genere non ne hanno - ma per coprire costi crescenti - le tasse universitarie, anche alte, non bastano.

Studi redditizi

È ragionevole pagare tasse di registrazione così elevate? Il motore di ricerca di lavoro Adzuna.fr ha confrontato i guadagni associati a vari livelli di formazione. Si scopre che studiare, anche costoso, è estremamente redditizio. Durante la sua vita lavorativa, un laureato in economia guadagna in media 700.000 euro in più di un bac + 2! Gli studi condotti negli Stati Uniti lo confermano e dimostrano che il vantaggio economico del diploma non ha cessato di aumentare dall'inizio degli anni '80.

Questi 700.000 euro mettono in prospettiva le tasse universitarie delle grandes écoles. Come ha detto uno studente delle superiori citato nell'introduzione, "ne vale la pena". L'unico problema è avere il capitale necessario all'inizio. Di conseguenza, i soldi vanno ai soldi, i più ricchi hanno accesso agli studi che garantiranno loro il miglior reddito.

Le elevate tasse di registrazione incoraggiano l'emergere del settore privato commerciale, stabilendo uno standard di prezzo che li rende competitivi. L'aumento si allarga poi alle business school post diploma, poi a tutta la formazione privata. Così le scuole di fisioterapia, le cui rette medie annue erano in media di 3.800 euro nel 2012, ma potevano arrivare a 8.700 euro, hanno visto lievitare il loro costo. Nel 2014-2015, alcune scuole dell'Île-de-France hanno annunciato quote di iscrizione di 11.500 euro. L'inflazione colpisce anche le scuole statali. Sciences Po Paris ha dato il via nel

2003 e poi ha proceduto ad aumenti regolari. La retta è gratuita per i borsisti, poi le rette aumentano in base al quoziente familiare, fino a 9.940 euro annui per la laurea triennale e 13.700 euro per la laurea magistrale, per uno studente i cui genitori hanno un reddito imponibile superiore a 66.334 euro per unità, che è alta. Va notato, tuttavia, che le tasse di registro stanno crescendo più velocemente del reddito, fino a rappresentarne un quarto per azione, prima di scendere a rappresentarne solo un quinto, o anche molto meno per le famiglie benestanti. Lo sforzo maggiore è quindi richiesto alle classi medie.

Questa politica è stata fortemente criticata, perché l'istituto riceve ingenti sovvenzioni pubbliche e perché è emerso che le tasse di iscrizione servivano, tra l'altro, a finanziare i cospicui emolumenti della direzione. Gli studenti dell'UNEF (Unione Nazionale degli Studenti di Francia) scrivono sul loro sito:

L'Obiettivo 2013 [la nuova scala delle tasse di iscrizione] offende profondamente le migliaia di studenti delle classi medie, che hanno già molte difficoltà a finanziare gli studi e alcuni dei quali probabilmente non avrebbero mai preso in considerazione Sciences Po se la riforma fosse già in atto luogo. Infatti, il figlio di un insegnante universitario, ad esempio, spende dai 3.450 ai 6.000 euro all'anno nel programma del master secondo il nuovo regime, ovvero due stipendi mensili di uno dei suoi genitori, tutto questo senza ovviamente contare il costo della vita a Parigi. I figli degli insegnanti delle superiori sono da considerarsi dei privilegiati? In fondo alla classifica, lo stesso scenario: certo, ci saranno più esenti, ma una famiglia con un reddito mensile di 2.000 euro per genitore vede le sue rette quasi raddoppiare, da 530 a 900 euro al mese.

Gli altri IEP stanno gradualmente adottando la stessa strategia, come Dauphine, che ha lo status di grande stabilimento e può quindi fissare liberamente le tasse di registrazione. Tutti applicano scale più o meno progressive secondo le risorse delle famiglie, i diritti salgono a 3.800 euro a Sciences Po Toulouse e 5.940 euro a Dauphine. L'IEP di Aix-en-Provence va oltre. Sviluppa partnership con varie organizzazioni private, in Francia o all'estero – è anche coinvolta nella zona franca educativa di Mauritius. A fronte di un compenso di 1.000 euro a studente, Sciences Po Aix etichetta la formazione, in particolare un master 2 in scienze politiche, senza che l'istituto oi suoi docenti partecipino ai corsi. Questi corsi paralleli sono molto costosi, poiché le quote di iscrizione a volte superano i 10.000 euro all'anno. Ma la qualità dell'istruzione è contestata. Gli insegnanti di Sciences Po Aix denunciano una formazione che considerano dubbia, "guidata da dilettanti [5] " e gli altri IEP minacciano di escludere l'IEP di Aix dalla loro competizione congiunta se queste pratiche continuano. Aix, se non perché i requisiti accademici sono inferiori?Il rischio di svalutazione dei diplomi e, di conseguenza, del marchio "Sciences Po", è reale.Nell'autunno del 2014, questa polemica ha portato all'allontanamento del direttore dell'IEP di

Aix.

Ereditate da una lunga tradizione repubblicana, le scuole pubbliche di ingegneria sono quasi gratuite. Così, l'École Polytechnique fu creata nel 1794 dalla Commissione dei lavori pubblici su iniziativa del Comitato di pubblica sicurezza. Il suo status fu militarizzato da Napoleone nel 1804, al fine di controllare meglio gli studenti che tendevano a sfidare il regime. Alla sua creazione, per democratizzare il reclutamento della scuola e perché nessuno studente dotato sia escluso a causa della sua miseria, "i futuri studenti ricevono per andare a Parigi le spese di viaggio di un artigliere di prima classe, o 15 soldi a giorno, e devono ricevere uno stipendio di 900 franchi all'anno. [6] ".

Queste preoccupazioni sono molto attuali. Un insegnamento che seleziona per denaro commette una grande ingiustizia, ma si priva anche del talento. Ecco, invece, le scuole di ingegneria vinte dal contagio: le nove scuole del gruppo École des mines hanno aumentato le tasse da 850 euro a 1.850 euro per gli studenti francesi e dell'Unione Europea nel 2014. Le quattro scuole dipendenti dal Ministero della Difesa pretese nel 2015 quota di iscrizione di 2.300 euro, quasi il doppio rispetto all'anno precedente. Anche il nuovo gruppo Centrale Supelec dovrebbe annunciare un aumento nel 2015. Questo aumento è alimentato dalla stessa dinamica che riguarda le business school (stipendi degli insegnanti, servizi agli studenti, investimenti di ammodernamento).

In un'economia globalizzata, questo aumento non è necessariamente scioccante: se gli ingegneri che si sono laureati alle Grandes Ecoles vanno all'estero, come la maggior parte esprime la loro intenzione, è coerente continuare a spendere quasi 300.000 euro di denaro pubblico per formare ciascuno di loro? Il problema è già sulla pubblica piazza in Spagna, dove l'emigrazione di giovani laureati in Germania o in America Latina rappresenta per la collettività una perdita netta di 200.000 euro a laureato.

Certo, l'aumento degli stipendi rende difficile per le istituzioni pubbliche mantenere i propri insegnanti. Immaginiamo che un brillante economista, superato dalle migliori scuole e che pubblica su riviste americane, insegni alla London School of Economics (LSE). Ricercatore in Francia, viene chiamato anche a tenere corsi nelle università francesi. Può accettare la tariffa ufficiale 60 euro all'ora di lezione, mentre vince il triplo Oltremanica? Non solo si tratterebbe di un uso inefficiente del suo tempo, argomento al quale gli economisti sono particolarmente sensibili, ma la LSE potrebbe chiedersi perché dovrebbe pagargli 200 euro se accetta di lavorare per 60 euro.

Le università sono quindi creative per pagare meglio i loro insegnanti. Le lezioni in piccoli gruppi sono remunerate come le lezioni in anfiteatro, che richiedono però una maggiore preparazione. Budget più o meno occulti finanziano bonus per creare corsi o organizzare lezioni (cosa tutt'altro che scandalosa). Le ore di corso vengono pagate senza essere date (il che è molto più discutibile). La Corte dei conti ha inchiodato Sciences Po Paris (di nuovo!) per l'opacità delle sue pratiche salariali e l'elevata remunerazione di alcuni insegnanti. Alcuni verrebbero pagati a tempo pieno svolgendo solo il 30% del servizio dovuto.

Finanziariamente soffocate, diverse università minacciano di chiudere per attirare l'attenzione, per rinegoziare i propri stanziamenti, ma anche, molto semplicemente, perché i loro dirigenti non vedono altra soluzione. Altri cercano finanziamenti aggiuntivi dagli studenti, flirtando con la legislazione e il controllo del ministero. Anche l'UNEF è andata più volte in tribunale per impedire l'aumento delle tasse universitarie. Le università ricorrono quindi a mezzi subdoli per aumentare le tasse. Le tasse di iscrizione, l'iscrizione alla biblioteca universitaria o all'associazione sportiva aumentano le tasse universitarie a 600 euro all'anno a Strasburgo e addirittura a 800 euro presso l'Istituto di amministrazione economica (IAE) a Grenoble-II, secondo l'UNEF.

Una tecnica che consente un aumento molto più consistente consiste nel creare diplomi universitari, privi di status nazionale e che quindi sfuggono alla scala delle tasse di iscrizione. L'Università Paul Cézanne di Marsiglia offre così diplomi universitari a 6.000 euro; l'IAE dell'Università di Aix-Marseille addebita ad alcuni master 8.400 euro in formazione iniziale e molto di più in formazione continua. A Paris-I, le organizzazioni che forniscono formazione continua affittano aule dall'università. Mancando i mezzi, aumentò l'affitto, costringendo la formazione ad aumentare le quote di iscrizione. La preparazione all'esame di ammissione al Master a Sciences Po Paris, la cui caratteristica era quella di essere molto più economica di quella dell'IPESUP, ha ad esempio visto aumentare i suoi prezzi, a causa della foratura operata dall'università. Di conseguenza, ha perso competitività... con soddisfazione di alcuni insegnanti, che si sono rammaricati che i loro migliori studenti abbiano intrapreso questa formazione e poi siano andati a Sciences Po invece di prepararsi per il master a Parigi-I [7].

In generale, le preparazioni ai concorsi, non regolamentate dal ministero in quanto non propedeutiche ai diplomi nazionali, possono essere fatturate ben oltre le normali quote di iscrizione. Dieci anni fa erano quasi liberi. Nel 2013 la preparazione per l'aggregazione organizzata da ENS Cachan è stata fatturata a 6.400 euro! L'abbinamento del titolo universitario con la formazione privata permette anche di chiedere tasse elevate. Fondata da un uomo d'affari, la scuola Ferrières, una nuova scuola di lusso che aprirà i battenti nel 2016 nell'ex proprietà dei Rothschild, lavorerà in collaborazione con l'Università di Paris-Est-Marne-la-Vallée. I suoi studenti, scelti a mano e paganti 18.000 euro all'anno, riceveranno corsi tenuti da accademici e otterranno una licenza professionale. Per quanto riguarda le scuole professionali, che non sono vincolate da alcuna disposizione normativa, adattano le loro tasse universitarie alle loro esigenze finanziarie. Il CFJ, scuola di giornalismo quotata con statuto associativo, ha aumentato subito del 40% le tasse universitarie per portarle a 5.000 euro nel 2013 (la metà in meno per i borsisti), perché il ritorno all'equilibrio finanziario era imperativo. Di fronte a un deficit di 2 milioni di euro nel suo settore della formazione, l'AP-HP (Assistance publique-hôpitaux de Paris) ha improvvisamente deciso, alla fine del 2014, di aumentare le tasse di iscrizione alla scuola per infermiere da 300 euro all'anno a... 8.000 euro, ad eccezione degli studenti che percepiscono una sovvenzione dal Consiglio Regionale o dal Pôle Emploi. Sorprendentemente, questo provvedimento potrebbe essere retroattivo, chiedendo agli studenti del terzo anno 24.000 euro. Data la remunerazione degli infermieri, il reclutamento diventerà molto difficile.

Una recente riforma aggraverà i problemi di finanziamento delle scuole, privandole delle risorse che attualmente traggono dall'imposta sulle imprese. Le imprese partecipano al finanziamento dell'istruzione attraverso la tassa sull'apprendistato, che ammonta allo 0,5% della retribuzione pagata, pari a 2,8 miliardi di euro [8]. Una parte significativa di questa somma viene stanziata a discrezione delle aziende, che vengono sollecitate dagli istituti, dalle scuole superiori alle grandi scuole. L'apprendimento è davvero cambiato molto. Continua a formare ebanisti e macellai, ma anche ingegneri e dirigenti. Un liceale su dieci è un apprendista.

La riforma del 2014 ha modificato profondamente la ripartizione del tributo, ora guidata principalmente dalle Regioni. Ansiosi di rispondere alle esigenze delle piccole imprese locali e di limitarne le spese, reindirizzano i fondi alle scuole superiori professionali, il che riduce di pari importo i sussidi regionali a tali scuole superiori. Per le Grandes Ecoles il colpo è duro, perché questa manna finanziaria rappresentava fino al 20% del loro budget. In ballo duecento milioni di euro per le grandes écoles, molto di più per tutta l'istruzione superiore.

È probabile che ciò costringa le strutture ad aumentare le tariffe o ridurre i servizi.

E gli studenti stranieri?

Molto indietro rispetto a Stati Uniti e Regno Unito, la Francia è il terzo paese ospitante per studenti stranieri, più o meno alla pari con Germania e Australia. Circa uno studente espatriato su quindici sceglie la Francia, una percentuale che si applica a un mercato in rapida crescita. Uno studente su otto in Francia è straniero. In un rapporto pubblicato nel gennaio 2015, France Stratégie proponeva senza mezzi termini di aumentare le tasse di iscrizione per gli stranieri al di fuori dell'Unione Europea da 183 euro a 6.000 euro per una laurea triennale, da 254 euro a 12.000 euro per una magistrale e da 500 euro a 15.000 euro alla scuola di ingegneria. L'obiettivo sarebbe quello di trovare i mezzi per adeguare l'istruzione superiore agli standard.

Il Paese si trova oggi in una situazione ambigua. All'università gli stranieri pagano, come gli altri, 183 euro l'anno al primo ciclo. Ma, altrove, gli aumenti delle tasse si accompagnano a discriminazioni di prezzo nei confronti degli stranieri extracomunitari, oggetto anche di ricorsi al Consiglio di Stato da parte delle organizzazioni studentesche. Così, gli studenti delle nove scuole pubbliche di Mines Telecom hanno pagato 1.850 euro nel 2014 contro gli 850 euro del 2013, ma quelli i cui genitori vivono fuori dall'Unione

Europea ora pagano 3.800 euro. Tale quadruplicazione è legata alla riduzione del contributo statale. A Sciences Po Paris, gli stranieri hanno diritto alla tariffa più alta (13.700 euro), indipendentemente dalle loro risorse familiari,

La politica nei confronti degli studenti stranieri esita tra due obiettivi in parte contraddittori: fare della Francia una terra di accoglienza, in particolare per i francofoni, per accentuare l'influenza culturale del paese o fare dell'istruzione superiore un prodotto di esportazione, come nel Regno Unito o in Australia. Queste due politiche non si rivolgono agli stessi studenti, se non altro per la loro provenienza geografica: quelli disposti a pagare tasse universitarie elevate provengono principalmente dall'Europa e dall'Asia, mentre quasi la metà degli studenti stranieri in Francia sono africani. L'influenza internazionale si basa sull'ingresso gratuito, come in Germania, mentre l'obiettivo economico si basa sul posizionamento nelle classifiche internazionali, sulla qualità e sull'ampiezza dei servizi agli studenti.

La politica di ammissione gratuita a favore degli studenti stranieri è oggetto di critiche in Germania, ma la situazione demografica lo richiede con forza. La Svezia, sopraffatta da un afflusso costoso negli anni 2000, ha imposto tasse universitarie elevate nel 2011, che hanno ridotto di cinque il numero di studenti stranieri extra UE. Il Québec, che dal 1978 offre agli studenti francesi condizioni economiche favorevoli quanto quelle del Québec, prevede di abolire questo vantaggio, che costerà alla Belle Province 75 milioni di dollari.

Il cambio di orientamento raccomandato in Francia, già citato dal ministro dell'Istruzione superiore alla fine del 2014, sarebbe una rivoluzione, modificando notevolmente il pubblico ricevuto. Un'ampia politica di borse di studio eviterebbe il crollo del numero di studenti con mezzi finanziari limitati, stima il rapporto della strategia francese. Ci si potrebbe chiedere su quale base verrebbero stanziati questi aiuti.

Inoltre, affinché il numero di studenti sconosciuti rimanga lì, la Francia dovrebbe essere in grado di competere con gli antichi sassoni inglesi nell'invitare studenti idonei a pagare elevate spese educative. In effetti, l'Australia è il paese dell'esistenza in cui è più costoso studiare, il che non le impedisce di attirare innumerevoli sostituti, in particolare asiatici. In effetti, i college americani e, sorprendentemente, inglesi sono esageratamente costosi. Comunque sia, la qualità coinvolgente della lingua inglese è fondamentale. Inoltre, queste università, profondamente posizionate nelle classifiche mondiali, ad esempio la posizione di Shanghai, offrono un elevato grado di amministrazioni studentesche. In Francia, Sciences Po seleziona con successo studenti sconosciuti paganti. Ad esempio, una designazione della scuola è sempre presente nel luogo noto per il Sol Levante, a tal punto che i giapponesi che desiderano concentrarsi sulla regolamentazione aperta in Francia dipendono da questa scuola; I parlanti giapponesi invitano i sostituti sul loro aspetto a lavorare con il loro coordinamento. Il college è molto lontano dall'avere la possibilità di fare altrettanto. Invita i sostituti in circostanze materiali non sono spietati.

Professionisti?

In Moo (1995), la scrittrice Jane Smiley dà uno sguardo acuto e divertito agli insegnanti di un'università americana. Ai margini di questa comunità, o forse in prima linea, il dottor Gift, un economista, è lui stesso una PMI. Docente, ricercatore e consulente, non perde mai di vista il suo interesse materiale. Si distingue per un acuto senso del calcolo e un'immaginazione contorta quando si tratta di vincere. È, ovviamente, molto più ricco dei suoi colleghi. Questo personaggio è il prototipo di un nuovo modello di insegnanti-imprenditori. La logica dello star system, caratterizzata da forti disuguaglianze nella distribuzione dei guadagni, viene così importata nell'istruzione. Il tennis, ad esempio, ha centinaia di giocatori professionisti,

Da questo punto di vista, le maggiori università americane sono in prima linea. Già nel 1998, la Columbia University aveva fatto notizia quando era riuscita a strappare ad Harvard il famoso economista Robert Barro per $ 300.000 all'anno, più $ 150.000 di fringe benefit, che era molto più alto degli stipendi dell'epoca (e rimane sproporzionato rispetto alla remunerazione di un accademico francese). Un tale stipendio oggi sarebbe ridicolo. Nel 2013, secondo un sito specializzato (www.thebestschools.org), la top 10 degli accademici americani è dominata da David Silvers, professore di dermatologia alla Columbia, il cui stipendio annuo è di 4,33 milioni di dollari! Il commento ammirato del sito: è pagato come gli allenatori universitari di pallacanestro o calcio...

Questa gerarchia di remunerazione si trova tra gli autori pubblicati. I libri di testo forniscono un modesto supplemento di reddito per la maggior parte degli accademici, ma l'economista Gregory Mankiw ha venduto 20 milioni di copie dei suoi Principi di economia, a un prezzo unitario di 50 euro in Francia e 292 dollari negli Stati Uniti (!), il che lo rende un multimilionario.

Questa logica si estenderà grazie ai corsi online, Moocs. Udemy, ad esempio, invita chiunque desideri offrire il proprio corso online, e decide a quale prezzo verrà venduto. Questi corsi rappresenterebbero un guadagno medio di $ 7.000 all'anno. Ma alcuni insegnanti famosi guadagnano centinaia di migliaia di dollari all'anno. Stiamo infatti passando da un mondo in cui c'era un insegnante ogni cento studenti, con pochissime opzioni per loro, a un mondo in cui l'insegnante stella può moltiplicarsi all'infinito tramite Internet. Invece di avere docenti più o meno bravi, tutti con la stessa remunerazione, si va verso un'estrema differenziazione, almeno a livello universitario.

L'istruzione superiore rischia quindi di avere presto i docenti del suo modello economico, preoccupati di massimizzare il proprio valore di mercato e di negoziarlo al meglio. Uno sviluppo perfettamente comprensibile: se si crea un mercato dell'istruzione, perché gli insegnanti dovrebbero essere gli unici a non beneficiarne? Tuttavia, c'è da temere che le differenze di livello tra gli stabilimenti si allarghino e che la logica della mercificazione venga accelerata.

La differenziazione salariale non significa che stiamo entrando in un'era di abbondanza di insegnanti. La caratteristica dello star system è di applicarsi solo alle stelle. Gli insegnanti di lingue di una business school di Bordeaux hanno lanciato una petizione quando la loro paga oraria è scesa improvvisamente da 41 a 30 euro l'ora, a seguito di un cambio di status. È meno di un insegnante di scuola superiore certificato.

Inoltre, le violazioni dell'etica potrebbero moltiplicarsi. Abbiamo intravisto gli oscuri accordi legati all'attribuzione delle pubblicazioni scientifiche. Alcuni insegnanti fanno gli straordinari al punto che i loro colleghi arrivano a dubitare della serietà del loro lavoro. Altri correggono copie di concorsi a catena: fino a seicento copie di ingresso in business school in tre settimane, prestazione che suppone leggere in diagonale o subappaltare parte delle correzioni, relativamente ben pagate.

La tendenza al rialzo dei prezzi è quindi molto evidente nel settore superiore. È difficile vedere cosa potrebbe metterlo in discussione. Di fronte alle incertezze economiche, le famiglie mobilitano i beni a loro disposizione, inclusa la capacità di farlo spesa, quando esiste. Naturalmente, le tariffe attuali mettono molti corsi fuori dalla portata della maggior parte della popolazione. Ciò è scioccante e contrario al principio secondo cui l'istruzione, un servizio essenziale, dovrebbe essere accessibile a tutti. Molte scuole, consapevoli del problema, si stanno adoperando attivamente per aumentare i finanziamenti per i propri studenti o rinunciare alle rette per i più poveri. Queste politiche, attuate in ordine sparso, salvano l'idea che un alunno, anche di estrazione modesta, possa frequentare le migliori scuole senza pagare nulla per l'essenziale.

Capitolo 8 Note

1. Branko MILANOVIC e RoyVAN DERWEIDE, "La disuguaglianza è dannosa per la crescita del reddito dei poveri (ma non per quella dei ricchi)", Vox UE, 29 novembre 2014.

2. Queste stime e quelle che seguono sono state ottenute incrociando diverse fonti, in particolare le classifiche fornite da L'Étudiant e L'Express, nonché le note dell'Istituto Boivigny.

3. VSOUR ACCOUNTS, The Business and Management Schools (ESCG): uno sviluppo da regolamentare, febbraio 2013.

4. Vedi Jessica GOURDON, "Dietro le quinte degli insegnanti star della finestra di trasferimento ", L'Express, 4 maggio 2011.

5. Louise FESSARD e Jean-Marie L.FORESTRY, "Sciences Po Aix commercializza i suoi diplomi all'estero", Mediapart, 3 ottobre 2014.

6. Sito web dell'Ecole Polytechnique,

7. Questa formazione ha finito per scomparire nel 2014, di fronte alle proteste dell'UNEF, che si oppone sistematicamente alla formazione retribuita all'università.

8. La realtà è molto più complessa: l'aliquota è differenziata a seconda delle regioni e delle aziende;

non c'è una ma tre tasse, ecc. L'apprendistato è stato riformato sei volte dal 2002! Per ulteriori informazioni, vedere il rapporto senatoriale di François Patriat (2013).

9

Come finanziare i suoi studi?

S your islas è molto turbato: i suoi genitori mi hanno ascoltato e accettano di finanziare la sua scuola di economia solo se viene preso in uno dei primi venti; altrimenti, andrà alla preparazione. Perché pagare per una scuola mediocre non è un investimento redditizio quando puoi scegliere i tuoi studi. Uno studente si prepara a entrare a far parte di Glion, una rinomata e costosa scuola alberghiera svizzera. "I miei genitori pagano la metà, prendo un prestito per il resto", spiega. Anche alla François Quesnay, gli studenti scoprono che i loro genitori non finanzieranno necessariamente la scuola dei loro sogni.

Come abbiamo visto, l'istruzione costa sempre di più. Questa tendenza è destinata ad aumentare. Per la maggior parte degli studenti assicurarsi un finanziamento diventerà un'attività importante e complicata: trovare un'azienda per lo studio-lavoro, esplorare le diverse tipologie di borse di studio esistenti, selezionare le scuole che concedono più aiuti, negoziare con la propria banca. Se dovessimo suggerire una nuova specializzazione per gli allenatori, consigliare sul finanziamento dell'istruzione superiore è senza dubbio un lavoro con un futuro.

L'aumento dei prezzi continuerà

Le tasse universitarie delle scuole di economia si stanno stabilizzando, ma si prevede che la tendenza complessiva al rialzo continui. Il costo totale rappresentato da uno studente è leggermente inferiore in Francia rispetto alla media dei paesi OCSE, un gruppo che comprende paesi sviluppati, ma anche Turchia o Messico. Poiché questi abbassano la media, sarebbe normale che la Francia fosse al di sopra della media. Un'istruzione media superiore costa 60.000 dollari in Francia contro 90.000 dollari nei paesi scandinavi, una differenza enorme che si spiega sia con la minore durata degli studi in Francia (quattro anni in media, contro i cinque dei paesi nordici) sia con minore spesa annua per studente. Possiamo quindi supporre che l'aumento continuerà,

Questo aumento della spesa potrebbe benissimo essere assorbito dal bilancio dello Stato. Sebbene l'attenzione sia stata attirata soprattutto negli ultimi anni dai paesi anglosassoni, il cui sistema di istruzione superiore sembra tracciare i contorni di un mercato globale dell'istruzione, non va dimenticato che in altri paesi, come la Germania o la Svezia, si studia generalmente nelle università, che non sono in concorrenza tra loro e sono quasi gratuite. A giudicare dalla performance economica di questi paesi, questo sistema si è dimostrato valido.

Ma questa organizzazione presupporrebbe un forte aumento del finanziamento pubblico, improbabile nel contesto attuale, dove il superiore si trova già di fronte a una penuria di mezzi senza precedenti. Secondo l'OCSE, la quota di sovvenzioni pubbliche - scesa dall'85,3% nel 1995 all'81,9% nel 2010 - è in costante calo in Francia. Le rivalità statali per i college sono diminuite del 5% nel 2013. Il 2014 sarà appena migliore1.

Va detto che il numero di studenti è esploso: erano 2,3 milioni nel 2013 contro 1,2 milioni nel 1980. Questi studenti rimangono più a lungo nell'istruzione superiore: circa più di due anni, ad esempio il doppio all'inizio degli anni '80. Complessivamente nel 2013 il 49% degli intervistati aveva un titolo di studio avanzato, contro il 42,5% del 2005, e il target di un giovane su due dovrebbe essere raggiunto nel 2015. Sarebbe stata così fondamentale una forte espansione del patrimonio per tenere il passo con la scuola essenzialmente gratuita. Non è successo.

La carenza influenza prima i collegi. Un quarto di loro è prossimo all'insolvenza, alcune fondazioni sono state poste sotto tutela. La circostanza è migliore nelle Grandes Ecoles o negli IUT. In ogni caso, i premi statali aumentano meno rapidamente dell'espansione e sostanzialmente meno rapidamente degli oneri. I crediti di lavoro concessi alle scuole pubbliche di progettazione sono addirittura diminuiti del 20% nel 2013-2014. I fatti confermano davvero che i requisiti monetari sono difficili da allentare. Finale del supervisore di Télécom Paris Tech: "Dobbiamo muoverci per ottenere il denaro dove c'è2. " Il leader di Dauphine è più preciso: " Presto dovremo sfuggire a un'istruzione superiore praticamente gratuita3. »

Le business school chiedono un cambiamento del loro status. Ora attaccati alle ICC, aspirano a una maggiore autonomia per raccogliere fondi. La riforma, prevista per il 2013, è stata rinviata per motivi di spettacolo politico. L'idea è di avvicinare il loro status a quello delle società per azioni, garantendo che la maggioranza del loro capitale resti nelle mani delle ICC. Nel frattempo, le tasse universitarie rimangono la leva principale su cui giocare.

Come pagare ?

Il mercoledì mattina, gli studenti del primo anno hanno la loro prima lezione nel grande anfiteatro di Dauphine. Davanti a me centinaia di piccole mele luminose: tutte hanno un MacBook. Quando cambio le diapositive sullo schermo dietro di me, si accendono centinaia di smartphone high-tech e gli studenti fotografano il grafico o il grafico che è appena apparso. Durante una lezione in piccoli gruppi, uno studente usa un computer enorme e antiestetico, che contrasta con le macchine aerodinamiche in alluminio spazzolato che sono la norma nell'istituto. Informazioni prese, arrivano dalla ZEP, a seguito di un accordo con Dauphine. Chiaramente, prestigiose istituzioni reclutano tra le categorie benestanti. E gli altri ?

La proporzione di studenti le cui famiglie possono finanziare gli studi diminuisce notevolmente all'aumentare del loro costo e della loro durata. Ma l'evoluzione della spesa non riguarda tutte le formazioni né è ancora integrata dalla popolazione. Le famiglie vengono quindi colte alla sprovvista. Convivendo con l'immagine della scuola di Jules Ferry, pubblica e gratuita, non si sono resi conto dello sforzo di risparmio che le famiglie fanno in previsione dell'istruzione superiore dei loro figli in Asia, per esempio. Non tutti i giovani hanno quindi i mezzi economici per scegliere i propri studi. È abbastanza ovvio dalla lettura dei capitoli precedenti, ma è comunque uno shock.

Lo sanno bene anche le scuole paganti, che offrono

vari aiuti e lo fanno conoscere. "Affinché il costo della scuola non sia un ostacolo ai tuoi progetti futuri, sono disponibili diverse soluzioni finanziarie", scrive la scuola di chimica ESCOM sul suo sito. Quanto più il denaro aumenta le disuguaglianze educative, tanto più la loro riduzione viene presentata come un obiettivo imprescindibile, contro ogni realtà. Così l'amministratore provvisorio del nuovo PEI inaugurato nel 2014 ha dichiarato che "l'insediamento alla periferia della capitale consentirà [esso] di stabilire il settore Sciences Po all'interno di territori spesso trascurati dell'Île-de-France [4] ". Dichiarazione che non manterrebbe attenzione se questo nuovo PEI non si trovava a... Saint-Germain-en-Laye, una città nel ricchissimo dipartimento degli Yvelines, dove il reddito medio è di 60.000 euro per famiglia.

Contemporaneamente all'aumento del costo dell'istruzione, esso attrae un pubblico più ampio e quindi più popolare, per il quale la mancanza di denaro è motivo di abbandono prematuro degli studi; perché anche un anno di studi gratis ha un costo alto, quello della rinuncia allo stipendio. Due economisti hanno anche dimostrato che un aiuto annuo di 1.500 euro aumentava di due-cinque punti percentuali la probabilità di iscriversi o reiscriversi all'università e di cinque punti percentuali quella di conseguire la laurea magistrale. [5] . È bene quindi che la mancanza di denaro sia un ostacolo agli studi. La questione del finanziamento è quindi cruciale.

Una risposta al problema è fornire ai sostituti una vita. Non esiste una "retribuzione sostitutiva" svedese in Francia e la RSA non è disponibile per questa classificazione. Le sovvenzioni, poi di nuovo, sono concesse sulla base di standard amichevoli. In Francia si risparmiano per famiglie eccezionalmente umili: per un ragazzo solitario la paga completa dovrebbe essere sotto i 2.200 euro al mese, il premio è di 1.000 euro all'anno a questo livello, che si rivolge a un centimetro, non a una vocazione. Nel 2014 il contributo non poteva superare i 5.500 euro annui, una somma equivalente a quella della RSA e ben al di sotto della soglia di indigenza.

L'estensione dei borsisti nell'istruzione superiore si è ampliata, a causa della formazione di "borse a tasso zero" (non vengono pagati contanti, ma il beneficiario è assolto dalle spese educative) e sulla base del fatto che l'istruzione avanzata è disponibile per abbattere le classi amiche. Attualmente supera un terzo e gli importi pagati dallo Stato si sono dimezzati a partire dal 1995 circa. Comunque sia, solo un sostituto su otto ottiene un premio di oltre 300 euro al mese.

La modesta quantità di borse di studio è alquanto bilanciata dallo stipendio per l'alloggio, la cui parte è libera dal modo di vivere, che chiede di essere smentito. Nonostante i collegi, alcune scuole, ad esempio IEP e collegi commerciali consolari, escludevano i borsisti da tutte o una parte delle spese di arruolamento. HEC è attualmente gratuito per tutti i borsisti statali, mentre i borsisti ESCP sono esclusi da una parte delle spese di iscrizione. L'aggregato impegnato in sovvenzioni all'interno del sistema di sponsorizzazione aziendale è molte volte meno significativo presso ESSEC (350.000 euro nel 2013) rispetto a HEC (1.750.000 euro), ma l'assistenza è comunque possibile lì Lavoro-studio è un mezzo di finanziamento aggiuntivo. Ad eccezione dell'HEC, tra il 10% e il 30% degli studenti delle scuole di economia segue un programma di studio-lavoro, nell'ambito di un contratto di apprendistato o di professionalizzazione, per uno, due o tre anni. Doppio vantaggio: le tasse universitarie sono a carico dell'azienda e lo studente viene retribuito. In cambio, trascorre parte del suo tempo lavorando in un'azienda . Meno disponibile per gli studi, è più difficile per lui fare uno stage all'estero durante il suo apprendistato. Le scuole generalmente fanno pagare di più per gli studenti lavoro-studio, sapendo che sono le aziende a pagare il conto. Allo stesso modo, la maggior parte dei corsi di formazione professionale può essere seguita su base studio-lavoro, in particolare la preparazione per un SIMT o un DUT.

.

Prendere in prestito, ma poi?

Come pagare l'istruzione superiore di chi, troppo ricco per beneficiare di aiuti sufficienti, è anche troppo povero per finanziare una costosa formazione? C'è un grande rischio di estromettere le classi medie. A Sciences Po Paris l'introduzione di tasse di iscrizione elevate, ma fortemente modulate in base al livello di reddito, ha portato sia ad un aumento della quota di borsisti, anche se non raggiunge la soglia del 30% fissata dal ministero, sia e un aumento della quota di studenti delle categorie più privilegiate; il che sembra confermare questo timore.

La soluzione logica per le classi medie è il prestito. Dopotutto, se i diplomi sono redditizi, rappresentano l'aspettativa di un reddito futuro che consentirà di ripagare. Le Grandes Ecoles hanno spesso accordi con le banche, che sono fin troppo felici di assumere nuovi clienti che sono futuri dirigenti. Uno dei miei amici mi ha raccontato con orgoglio che sua figlia, brillante laureata all'École des mines desiderosa di completare la sua formazione con un master al MIT, era stata accolta molto bene dal suo banchiere. Prestiti studenteschi limitati a 25.000 euro, gliene aveva concessi due, al tasso di interesse reale dell'1,6%. Finanzia così tutta la sua formazione. Per quanto riguarda il rimborso del prestito, non sarebbe sorprendente se il suo primo datore di lavoro se ne facesse carico. Un mio giovane amico dirigente che ha deciso di preparare un MBA per rilanciare la sua carriera ha deciso di scegliere la doppia laurea

London School of Business/Columbia. La quota di iscrizione di $ 120.000 (sì: centoventimila dollari) è stata anticipata dalla sua banca senza difficoltà.

Tuttavia, per uno studente i cui genitori pagano solo 500 euro al mese e che deve finanziare cinque anni di studio dal primo anno, le cose sono molto più complicate. La somma di cui ha bisogno è alta: ad esempio, 800 euro al mese per cinque anni sono 50.000 euro. Se ottiene un prestito di tale importo, cosa poco scontata, anche con un tasso del 3%, dovrà pagare interessi di prestito elevati, perché inizierà a rimborsare solo alla fine degli studi. D'altra parte, il prestito è un grosso rischio se le prospettive di lavoro non sono garantite o se la formazione prevista è molto selettiva e bisogna essere preparati a convivere con questo rischio.

Lo Stato, da parte sua, garantisce prestiti a qualsiasi studente che ne faccia richiesta. Nello specifico garantisce il 70% del rischio di default, ma il prestito non può superare i 15.000 euro. Si tratta quindi di aiuti complementari e non di soluzioni globali. Lo Stato giustifica il suo intervento con le difficoltà incontrate dagli studenti, a parte quelli delle Grandes Écoles, nell'ottenere prestiti in denaro. Infatti, 300.000 studenti, vale a dire uno su otto, hanno contratto un prestito bancario. Ma la metà di coloro che volevano farlo sono stati bloccati dall'assenza di fidejussione solidale, precisa il sito specializzato Financetesetudes.com. L'adagio "presti solo ai ricchi" si applica molto bene qui. Dovremmo lamentarci? Questo non è sicuro, perché se il prestito si estende a formazioni meno remunerative rispetto alle Grandes Ecoles, si porrà la questione del rischio, come nei paesi anglosassoni. Nel Regno Unito, che nel settembre 2012 ha lanciato una strategia di alte tasse universitarie (9.000 sterline, o 10.700 euro, ogni anno) come compromesso per l'ammissione ai crediti statali per studenti, dal 35% al 40% degli anticipi possono non essere rimborsato, come indicato da una relazione dell'Assessorato ai Fondi Pubblici. Oggi, i sostituti inglesi pagano una parte in denaro reale e si avventurano in rosso per l'equilibrio, più di 25 o trent'anni in generale. Il tasso di credito a volte raggiunge il 9%. Nel 2013 il numero degli iscritti ai collegi è diminuito del 6%, mentre è rimasto pressoché stabile quello degli studenti che hanno lasciato la scuola secondaria; la spesa della revisione sembra fare una differenza dissuasiva. Negli Stati Uniti, i prestiti agli studenti coprono l'importo cosmico di 1.200 miliardi di dollari. I soli crediti governativi influenzano 37 milioni di individui. Come indicato dall'Establishment for School Access and Achievement, il 71% degli alumni del 2012 aveva un credito bancario da rimborsare. Complessivamente, la loro somma era di $ 33.000 nel 2014. I rimborsi sono coperti (in precedenza al 15% della retribuzione, attualmente al 10%), il che li estende a lungo termine: molti cinquantenni non hanno concluso il rimborso dei loro prestiti studenteschi. Senza l'aiuto della famiglia, un dentista di New York può iniziare la sua professione travagliata con un impegno di 400.000 euro! Si può immaginare, su tale totale, a cosa si rivolge l'addebito degli interessi... che avrà ripercussioni sul conto pagato dai pazienti.

Il tasso di default su questi anticipi era del 12% nel 2013, ma questa cifra minimizza il problema. A dire il vero, i sostituti sono esclusi dalla rata fino a quando non sono laureati. In relazione alla quantità di persone che devono rimborsare il proprio debito, è infatti un quarto degli ex studenti morosi. Questa circostanza attuale non è difficile da spiegare: il 30% degli studenti indebitati non si è laureato. Altri sono disoccupati o hanno vissuto fortune inverse in seguito. Non sorprende che la più grande banca americana, JP Morgan Chase, abbia annunciato alle università nell'autunno del 2013 che non avrebbe più fornito prestiti agli studenti.

Ovviamente non siamo lì in Francia. Va notato, tuttavia, che il 34% degli studenti di fisioterapia ha preso un prestito per finanziare i propri studi nel 2013, ad esempio. La situazione è probabilmente la stessa in altre aree.

45% dipendenti studenti

Il modello di finanziamento emergente divide quindi la società in tre: gli studenti delle classi lavoratrici hanno diritto a borse di studio che consentono loro di sopravvivere, le classi medie devono ricorrere al prestito e gli studenti provenienti da ambienti privilegiati riposano sulla famiglia. Ma non dobbiamo dimenticare che gli studenti possono guadagnare soldi. Le indagini condotte periodicamente dall'Osservatorio sulla vita studentesca mostrano che la percentuale di studenti che hanno un lavoro retribuito è in aumento e ha raggiunto il 45% nel 2013 [6]. Ancora più sorprendentemente, questa proporzione è quasi la stessa qualunque sia l'origine sociale degli studenti.

Certo, devi avere la possibilità di lavorare, cioè il tempo e le opportunità. Il folle orario di lavoro degli studenti nelle classi preparatorie lascia loro poco tempo per farlo. Al contrario, gli studenti delle discipline artistiche e umanistiche, che hanno orari di corso limitati, sono quelli che lavorano più spesso. Le opportunità dipendono dal corso seguito e dal livello di studi. Ma è fondamentale distinguere i lavori legati allo studio dagli altri.

Infatti, stage, situazioni di lavoro-studio o lavori estivi che consentono di valorizzare le competenze acquisite migliorano indiscutibilmente i risultati degli studenti e il loro inserimento professionale. Articolati con gli studi, danno loro un significato concreto e rafforzano la motivazione degli studenti.

Al contrario, i lavori estranei agli studi costituiscono ciò che l'Osservatorio della vita studentesca chiama "occupazioni simultanee agli studi". Richiedono tempo, energia e aggiungono pochissimo alla preparazione. Spesso poco dotati, queste posizioni puniscono davvero i sostituti quando vengono praticate in una certa misura a metà tempo. Regolarmente, negano l'ultima opzione del controllo del loro orario, dal momento che è difficile rifiutare tempi aggiuntivi, ridurre l'orario di lavoro quando si avvicinano le prove e adeguare i loro orari per valutare le illustrazioni. al cambio semestre. Queste posizioni ovviamente diminuiscono i progressi nei test, costringendo a decisioni difficili, che possono essere indubbiamente lette nella panoramica dell'Osservatorio sulla vita da studente: il 33% delle persone che non lavorano potrebbe volerlo fare, ma accetta di non farlo t non ne ho l'opportunità e il 20% delle persone che lavorano accetta che ciò sia d'impedimento agli esami. Notiamo che i borsisti lavorano meno frequentemente degli altri.

I sostituti di umili origini sono quelli che hanno più riscontro in questo genere di attività, mentre le esercitazioni dei rampolli di capi sono legate ai loro esami, attraverso il lavoro-concentrato su progetti, posizioni entry level e porte aperte date da grandi aziende a studenti di scuole specifiche. Va anche notato che i posti di lavoro per studenti delle Grandes Ecoles aiutano a garantire posizioni extra.

Arricchisci il tuo CV

Il lavoro degli studenti diventa una norma. Anche in questo caso sembra prevalere il modello anglosassone. Perché non si tratta solo di guadagnare i soldi necessari, ma anche di mostrare un certo stato d'animo. Le domande poste durante i colloqui di assunzione e nei concorsi suggeriscono che ci si aspetta esperienza professionale. Lo studente che lavorava alla catena di montaggio per pagarsi le ferie o gli studi prima tendeva a nasconderlo, come un episodio indegno del suo rango sociale. Ora è il contrario. Partecipando a una giuria di concorso che reclutava dirigenti del servizio pubblico, ho notato che i candidati, laureati di Sciences Po o avvocati idonei per l'ENA, hanno evidenziato di aver fatto la vendemmia o essere stati venditori al Decathlon e che la giuria li ha interrogati con interesse su questi esperienze. Al contrario, un bravo studente può essere turbato da una domanda del tipo "a parte i tuoi studi, cosa fai?" ", che contrasta con la tradizione della prepas, dove si entra come nella religione, "facendo una croce su due anni della propria vita", come dicono alcuni studenti del CPGE. Sentono che la risposta "tutta la mia vita è dedicata ai miei studi" non è quella giusta, tanto che ormai anche i lavori estivi sono disegnati come righe in un CV. " cancellando due anni della sua vita", come dicono alcuni studenti del CPGE. Sentono che la risposta "tutta la mia vita è dedicata ai miei studi" non è quella giusta, tanto che ormai anche i lavori estivi sono disegnati come righe in un CV. " cancellando due anni della sua vita", come dicono alcuni studenti del

CPGE. Sentono che la risposta "tutta la mia vita è dedicata ai miei studi" non è quella giusta, tanto che ormai anche i lavori estivi sono disegnati come righe in un CV.

Paradossalmente, come nel caso degli stage, gli studenti provenienti da contesti privilegiati hanno spesso le migliori possibilità di accumulare esperienza professionale. I miei ex studenti, dalla fine del primo anno di scuola, fanno stage di due mesi in società di consulenza, fondi di investimento, agenzie pubblicitarie o aziende audiovisive, quello a cui aspirano tutti gli studenti.

Per gli studenti come per gli altri, infatti, l'accesso al lavoro avviene innanzitutto attraverso i rapporti personali. Gli stage nella filiale londinese o newyorkese di un grande gruppo francese sono generalmente sbarcati da studenti i cui genitori lavorano in azienda o conoscono qualcuno lavorando lì. Spesso ottengono indennità di stage da 1.000 a 1.500 euro al mese invece del minimo di 400 euro che è la regola altrove... anche se non ne hanno necessariamente bisogno.

In sintesi, le borse di studio non sono sufficienti a garantire l'autonomia finanziaria di uno studente. I prestiti bancari, a parte le formazioni più redditizie, sono di importo limitato e pericoloso. I lavori per studenti non sono così facili da trovare e influenzano il successo degli esami. Le famiglie rimangono quindi in prima linea per finanziare l'istruzione superiore. Se lo possono permettere? L'aumento del numero di borse di studio e prestiti bancari suggerisce che non è così. Si acuirà quindi la contraddizione tra i crescenti bisogni dell'istruzione superiore ei mezzi stagnanti delle famiglie. Tanto più che sono gli stessi ad essere vincenti su quasi tutti i fronti: le famiglie benestanti possono tranquillamente fare da garanzia bancaria per i prestiti dei propri figli e la presenza di un conto ben fornito nella stessa filiale obbliga praticamente il banchiere a concedere un prestito studentesco per paura di perdere un buon cliente. Le famiglie più avvantaggiate sono anche quelle che trovano i migliori lavori ei migliori tirocini per i propri figli, per via delle loro relazioni.

È quindi probabile che il divario tra due mondi si allarghi. Da un lato, le scuole professionali, dall'informatica al paramedico passando per le grandi scuole di economia o ingegneria, dispongono di risorse materiali significative per l'elevato contributo degli studenti. A questo prezzo hanno un po' di problemi a reclutare, ma si affidano prima alle famiglie benestanti e offrono efficaci soluzioni di finanziamento per gli altri, della classe media: possono esentare alcuni borsisti dalle tasse universitarie. iscrizione basata sul patrocinio, stipulando accordi con le banche affinché gli studenti ottengano prestiti agevolati e fornendo i mezzi per guadagnare denaro, grazie a programmi di studio-lavoro, stage e lavori correlati con le competenze degli studenti,

I corsi generali, invece, a cominciare da quelli universitari, offrono una qualità del servizio inferiore per mancanza di risorse, ma difficilmente possono aumentare le tasse universitarie per motivi politici, oppure richiedono molto lavoro a studenti anche stipendiati, dal momento che trovano molto difficile prendere in prestito.

1. Al contrario, i paesi del Nord come Danimarca, Finlandia e Svezia, che sono già, in proporzione, quelli che investono di più nell'istruzione superiore, hanno, nonostante la crisi, aumentato il proprio budget.

2. Lucia DELAPORTE, "Tasse universitarie nell'istruzione superiore: si lancia l'offensiva",

Mediapart, 18 marzo 2014.

3. Lawrence B.ATSCH, Paris-Dauphine. Quando l'università diventa scuola. Interviste *a Denis Jambar*, PUF, Parigi, 2014.

4. Veronique SWHERE THE, "Sciences-Po: the rise in fresh scares", Liberation, 7 luglio 2014.

5. Gabrielle FACK e Julien G.RENET, "Migliorare l'accesso all'università e il successo per gli studenti a basso reddito: evidenza di un ampio programma di sovvenzioni basato sui bisogni", documento di lavoro PSE, n. ^{oh} 2013-33, 2013.

6. OSSERVATORIO VITA OSTUDENTE, Attività retribuita, indagine sulle condizioni di vita degli studenti 2013, www.ove-national.education.fr.

Conclusione

U parola non personale, prima. Giunto a questo stadio, indignato dai vantaggi che il denaro porta nella competizione scolastica e dalla sorte delle famiglie che ne hanno poco, il lettore può giustamente chiedersi come io possa, in coscienza, insegnare nel pubblico delle scuole superiori con i soci più privilegiati -composizione professionale nella regione parigina. Come posso sostenere questi studenti facoltosi, istruiti, istruiti, che progettano senza rabbrividire di iscriversi a una scuola alberghiera svizzera oa una scuola veterinaria spagnola per diverse decine di migliaia di euro all'anno? La risposta è molto semplice: in genere sono ottimi studenti.

Vogliono avere successo, il che non è già abbastanza, ma molti hanno anche una vera curiosità intellettuale e una certa cultura. Sono gentili, consapevoli e grati per gli sforzi che facciamo per aiutarli. Ciò che motiva un insegnante è che è necessario. Si potrebbe immaginare che questo bisogno sia più marcato nei quartieri difficili. Ma si esprime con grande difficoltà, a causa di varie barriere o inibizioni. Al Lycée Quesnay, invece, gli studenti, soprattutto i migliori, non esitano a chiedere agli insegnanti. È anche vero che la pressione che grava su di loro è notevole.

E poi, accanto al denaro, c'è la cultura. Certe famiglie borghesi, infatti, trasmettono ai figli, oltre al denaro, solidi valori. Ci sono ancora alcuni "eredi", per usare l'espressione di Bourdieu e Passeron [1], che hanno ereditato l'amore per la scuola, il rispetto per l'informazione e doti umanistiche spesso legate a una pratica rigorosa. Per far conoscere ai miei studenti dell'ultimo anno l'idea di una segregazione positiva, prendo spesso come esempio i vantaggi concessi agli studenti che si concentrano in uno ZEP per entrare in Sciences Po. È giusto ? Quest'anno una studentessa ha messo alla prova i suoi compagni di scuola che si stavano preparando per Sciences Po e che, ovviamente, non hanno beneficiato di questi vantaggi: "Non trovi irragionevole che possano coordinarsi senza fare il test serio, essenzialmente alla luce del fatto che sono in una ZEP?» Reazione di una splendida sostituta che ha scoperto da poco di aver bombardato l'opposizione di sezione: «Non compenserà mai i benefici che ci dà il nostro inizio sociale. "In sostanza è adorabile come Mats Wilander che rivede una questione arbitrale a sostegno di se stesso al match point.

È anche estremamente chiaro. I giovani sono nel punto che il loro inizio sociale gli attribuisce, in un sistema scolastico che non è mai stato ottimo, ma che sta prendendo una svolta decisiva e rischiosa in maniera clandestina. Questo quadro al momento non è l'amministrazione della formazione finanziata dallo stato in cui ho studiato e in cui ho lavorato da quel momento in poi. Si tratta tutt'altro che di scuotere l'impareggiabile Satana della mercificazione della scuola, veicolata alle multinazionali dell'istruzione. Il centro del sistema scolastico francese rimane pubblico e gratuito. Tuttavia, negli ultimi tempi è esplosa una proposta confidenziale diversa e potente, alla luce dello sgretolamento dell'assistenza pubblica indigente e di un interesse sociale eccezionalmente impressionante, alimentato dal desiderio frenetico dei tutori di portare i loro figli nell'ascensore. assistenza statale o, comunque, per evitare loro la disoccupazione.

scuola ombra

L'espansione di queste nuove offerte fa sistema. Le isole della scuola privata strutturano un arcipelago dalle sconfinate implicazioni, un sistema educativo per così dire ombra. Come la finanza ombra, la scuola ombra è una peculiarità mondiale mostruosa, che si è sviluppata velocemente sotto i nostri occhi senza che ce ne accorgessimo. Come la finanza ombra, si allontana dalle linee guida degli specialisti. Come lei, questa scuola ombra è davvero vantaggiosa e il modo per ottenerla è il denaro.

Questa nuova disposizione crea nuove disparità. Da qui in poi, indefinitamente a lungo, il discorso sugli squilibri istruttivi, eccezionalmente messo a parte dall'artefice di Pierre Bourdieu, ha sottolineato il lavoro della cultura familiare, pressoché prossima a quella scolastica, sul grado variabile di informazioni su un sistema educativo oscurato per tutori, alcuni dei quali sono diventati veri e propri esperti nell'amministrazione dei "mestieri scolastici" dei loro giovani. A queste variabili costantemente presenti si aggiunge attualmente la componente monetaria. Generalmente trascurata dagli elaborati dei sociologi, la variabile monetaria non è nemmeno referenziata dal programma Aspetti finanziari e sociologie della scuola secondaria nella sezione dedicata alla portabilità sociale e alla scuola.

La scelta del contante influenza i nuovi incontri. In effetti, i lavoratori regolari sperimentano gli effetti negativi dei nuovi principi del gioco tanto quanto quelli vecchi, tuttavia le classi lavoratrici informate sono attualmente colpite allo stesso modo. Sebbene la loro comprensione del quadro e la loro capacità di aiutare i loro figli abbiano offerto loro una discreta opportunità di utilizzarla a loro potenziale vantaggio, attualmente sono costretti a fare i massimi interessi a scuola nel desiderio di garantire il futuro dei loro figli. bambini . Scommettendo sulla scuola, scoprono il vertiginoso aumento del suo costo, che ha spostato la competizione scolastica in un campo che non è il loro.

Come ci siamo arrivati?

È vero che la scuola non può uscire dalla sua situazione attuale, dove è iniziato lo slittamento. La disoccupazione, in primo luogo, addolora enormemente i tutori e, a volte, i bambini. Il certificato è visto come il punto di ingresso obbligatorio verso il business; le famiglie sono pronte ad ammettere con successo i propri figli. Il dissenso sociale si è poi ampliato.

Anche le disposizioni istruttive fanno la loro parte. La scuola praticamente unica finalmente raggiunta, poi l'avvio delle scuole secondarie e l'espansione del numero dei laureati crearono le condizioni per un'elevata rivalità a tutti i livelli del sistema educativo. Prima non c'era un sistema educativo, come ci piace pensare, ma pochi quadri uguali, previsti per vari inquadramenti sociali. Le opportunità per un paio di splendidi sudditi della manovalanza di entrare a far parte dei corsi di punta tenuti per i rampolli della borghesia, chiamati elitarismo conservatore, mascheravano idealmente questa realtà.

Con la scuola di massa, aperta a quasi tutti, il dissenso scolastico è diminuito. Tuttavia, i tutori delle fondazioni speciali o della classe operaia non sono disposti a riconoscerlo. Lo ricostituiscono direttamente creando corsi di istruzione praticabili, il cui costo significativo evita la maggior parte dei sostituti. Anche il dissenso sociale viene ricostituito in modo indiretto attraverso l'ordine gerarchico di quartieri e fondazioni e l'assistenza che sopperisce all'ottenimento, provocando un aumento del grado di buoni componenti. Per avere successo è fin d'ora insufficiente esprimersi correttamente e imparare bene le lezioni. Nelle scuole d'élite, la proporzione di studenti che eccellono in tutte le discipline, bilingue,

In questo contesto, ogni beneficio che può essere mobilitato conta: qualità della scuola, coaching, sostegno accademico. La massificazione scolastica ha anche moltiplicato gli effetti sulla carriera di piccole differenze nel livello dei diplomi, che incoraggiano gli investimenti in modo a volte folle – capita ad esempio che uno studente accettato a ESCP Europe ripeta di avere HEC, per esempio. Una minoranza dispone di mezzi finanziari significativi e mette questa risorsa al servizio del successo della propria prole. Questa disponibilità a pagare è comprensibile: come puoi rifiutare a tuo figlio di iscriversi alla scuola di sua scelta o lezioni aggiuntive che lo aiuteranno ad avere successo? Insieme alla sanità, l'istruzione è l'area in cui le famiglie estendono le loro possibilità finanziarie. Questa domanda crea un'offerta adeguata alle possibilità di tutti, che può quindi spingersi fino a servizi di ottimo livello.

Infine, il denaro pubblico sta diventando scarso. Il bilancio dell'istruzione nazionale non tiene il passo con i cambiamenti demografici e dei costi. La qualità dell'istruzione offerta si sta deteriorando e l'assunzione di insegnanti qualificati sta diventando difficile. Tante lacune che alimentano il settore privato. E avviene il miracolo dell'economia di mercato: l'offerta nasce immediatamente per soddisfare la domanda

Fatalita?

Generalizzando un piccolo, in grado di vedere la circostanza come segue: all'interno dell'equilibrio tra aperto e privato che caratterizza le economie miste come l'economia francese, la bilancia è stata inclinata per un quarto di secolo a favore di quest'ultima. La componente che opera nell'istruzione si trova nell'ambito del benessere o della gestione delle prestazioni. Ogni volta, la diminuzione della speculazione aperta, scelta all'interno del titolo di aggiustamento di bilancio e competitività, porta alla corruzione del vantaggio dato, in questo modo alla creazione di un'offerta privata, alla base di una separazione per cassa: il privato è per chi può pagare, il pubblico, per gli altri. Per creare questa struttura a due livelli politicamente sopportabile, vengono mantenuti corsi di grandezza gratuiti e le sovvenzioni autorizzano un paio di studenti da basi senza pretese a raggiungere le stature; ma queste esenzioni che affermano la corsa allo spettacolo servono come scusa plausibile. Il punto di vista è o forse scoraggiante. Possiamo eluderla? Nell'attuale clima di stasi, la sottomissione agli inevitabili travolgimenti. pagare l' istruzione per mantenere la sua qualità? L'istruzione gratuita è sancita dalla legge in Svezia e le scuole hanno i mezzi per funzionare. Segregazione spaziale? La procedura Affelnet lo fece fare un passo indietro a Parigi in pubblico; per quanto riguarda il settore privato, potrebbe benissimo essere integrato nella mappa della scuola. Nel Regno Unito o in

Spagna, le politiche delle quote hanno interrotto la tendenza. Le preparazioni a pagamento rese indispensabili dalla competizione? Stanno emergendo iniziative per cercare di trovare soluzioni, come SOSciencespo: gli studenti di Sciences Po aiutano i candidati a scrivere la loro lettera di accompagnamento, danno loro finti esami orali, rispondono alle loro domande.

La continuazione delle tendenze attuali non è quindi affatto inevitabile. Lo sviluppo del nostro sistema scolastico potrebbe poggiare su basi diverse, più eque ed efficaci. Perché la lotta all'insuccesso scolastico dei più sfavoriti è oggi la via più sicura per migliorare il rendimento del nostro sistema scolastico e rafforzare la coesione sociale.

È una scelta sociale.

GRAZIE

FINE

www.ingramcontent.com/pod-product-compliance
Lightning Source LLC
Chambersburg PA
CBHW052343220526
45465CB00003BA/926